风云战役

李默 / 主编

广东旅游出版社
GUANGDONG TRAVEL & TOURISM PRESS
悦读书・悦旅行・悦享人生

中国・广州

图书在版编目（CIP）数据

风云战役 / 李默主编 . — 广州：广东旅游出版社，
2013.10（2024.8 重印）
ISBN 978-7-80766-665-3

Ⅰ . ①风… Ⅱ . ①李… Ⅲ . ①战役—史料—中国—古
代—通俗读物 Ⅳ . ① E291-49

中国版本图书馆 CIP 数据核字 (2013) 第 221367 号

出 版 人：刘志松
总 策 划：李　默
责任编辑：张晶晶
装帧设计：盛世书香工作室　腾飞文化
责任校对：李瑞苑
责任技编：冼志良

风云战役
FENG YUN ZHAN YI

广东旅游出版社出版发行
（广东省广州市荔湾区沙面北街 71 号首、二层）
邮编：510130
电话：020-87347732（总编室）　020-87348887（销售热线）
投稿邮箱：2026542779@qq.com
印刷：三河市嵩川印刷有限公司
　　　（河北省廊坊市三河市杨庄镇肖庄子村）
开本：650×920mm　16 开
字数：105 千字
印张：10
版次：2013 年 10 月第 1 版
印次：2024 年 8 月第 3 次印刷
定价：45.80 元

　　《图说历史丰碑》是一部全景式图文并茂记录中国文明历史的大书。出版者穷数年之力，会集各方力量——专家、学者、编辑、学术顾问们，在浩如烟海的历史档案、资料、著作中，探珍问宝，追寻中华文明在悠悠历史长河中的灿烂之光。此书的出版，凝聚了编撰者的心血，学术顾问们的智慧。尤其是李学勤先生，亲自动笔写下了序言，更增加了本书沉甸甸的分量。

　　中华文明的历史充满了辉煌与苦难，成就和挫折。它的历史无处不在，决定着我们中国人今天的思想和感情。当今的中国和中国人是中华文明的历史造就的，是中华文明的历史的延伸，也是它的一个组成部分，中华文明的历史之河奔流到现在。

　　中华文明是人类历史上最伟大的文明之一，是人类文明发展的主要构成。中华文明丰富、深刻、辉煌、博大，在人类文明中的骨干作用和领导作用人所共知。在人类文明的发源时期，中国就是四大古国之一，是地球上文化的策源地之一。在人类文明的早期，中华文明成为文明在东方的支柱，公元前后200年间，人类的汉帝国与罗马帝国这两只铁手攫住了地球。在欧洲进入中世纪的时候，中华文明更成为人类文明最主要的领导，它的文明统治东亚，传遍世界。进入近代，中华文明处于自身的重压和西方的欺凌下，但中国人民的斗争史和奋起精神是人类文明历史中不可缺少的一页。

　　五千年的中华文明为人类贡献出了从思想家孔子到科学技术的四大发明、从唐诗宋词到长城运河的伟大创造，贡献出了从诸子百家到宋明理学，从商周铜器到明清文学的深刻内涵，也贡献出了从五霸七强到三国纷争、从文景之治到十大武功的辉煌历史。中华文明的历史绚烂多彩，在人类文明的历史长河中永放光芒。

　　中华文明也是人类历史上最独特的文明，没有哪一个文明像中华文明这样持久，这样统一一致。世界上其他文明不但互相交错，其创造者也都与高加索体质的人种有关，它们是姐妹文明。在人类历史中，只有中华文明才是独特的，它的创造者是中国土地上的中国人民，与其他任何地方的人民都没有关系，它的文化是统一一致的文化，可以不依赖于其他任何文明而生存，但中华文明也绝不是封闭的，它接受他人的文化，也承担自己对于人类的责任。

　　人类进入新世纪，中国的社会经济发展令世人瞩目。人们对于世界未来的政治和经济结构的估计无不以东亚和太平洋为中心，而尤以中国为重点。

经济起飞只是当代中国的一个方面，中国的精神文明的建设尤为刻不容缓。如果中国要自觉地发展中华文明，要有意识地使中国的发展具有世界意义，就必须发展强有力的精神文化，这样才能使中华文明的发展进入一个新的阶段，才能形成中国和中华文明的全面现代化。

　　而中国的精神文化的发展植根于中华文明的伟大传统之中。进入近代之后，在西方文化的冲击下，对于中国文化的价值产生大量的情绪化和激烈冲突的论调。"五四"运动打倒孔家店的口号具有冲破封建束缚的时代意义，对中国文化的发展有不容否认的正面意义，与文化虚无主义是完全不同的。文化虚无主义者否定中国传统文化，在现代化的旗帜下主张全盘西化；而复古主义则沉迷于中国文化的古董，走进反进步、反科学的泥潭。

　　历史的发展则超越了所有这些论点，产生这些论调的一百多年来的中国近代史已经结束。历史要求中国发展，要求中国走在全世界发展的前列。西化论和复古论都已过时，历史已经要求世界超越西方，中国可以承担起世界的命运，而中国的现实和世界的历史都说明，中国的使命在于它的发展前进，而非倒退。

　　中华文明走出迷惘的时代，我们这一代处在一个伟大而具有挑战的历史阶段。

　　总结历史、展望未来，这就是《图说历史丰碑》的意义和使命。我们创作《图说历史丰碑》，力求总结和回顾中华文明的全貌，在内容和形式上都开创一个新的局面。在内容结构上，既具有一定的深度，又具有相当的广博性，既有严谨、准确的学术价值，又有活泼、流畅的可读性。我们在本丛书内容纳了中华文明的各个方面，使它综合了大规模学术著作的系统性、严密性和普及读物的全面性、简易性，它既可作为大型工具书检索中华文明的各个成分，又可作为通俗的读物进行浏览。

　　我们从上世纪 90 年代初起就开始思考中华文明的历史和现实问题，并逐渐形成了编著《图说历史丰碑》的设想。在开展这项庞大的文化工程之始，我们就聘请了国内权威学者李学勤、罗哲文、俞伟超、曾宪通、彭卿云诸先生担任学术顾问，他们对计划作了充分讨论，并审阅了大量初稿。我们聘请了广州、香港地区的社会科学学者、大学教师、研究生以及我社编辑人员几十人担任稿件的撰写工作。

　　通过创作这部书，我们深深地感受到了中华文明的博大精深，也感受到了它的内在缺陷。中华文明具有辉煌的时期，也有苦难的年代，有它灿烂的成就，也有其不足的方面。中华文明在自身中能够吸取充分的经验和教训，就能够使自身健康壮大，成长发展。

　　通过创作这部书，我们也深深感受到了出版事业的使命和重任。我们希望这部书能受到广大读者的喜爱，起到它所应当起的作用。为中华文明的反省、前进和奋起作一点贡献。

目 录

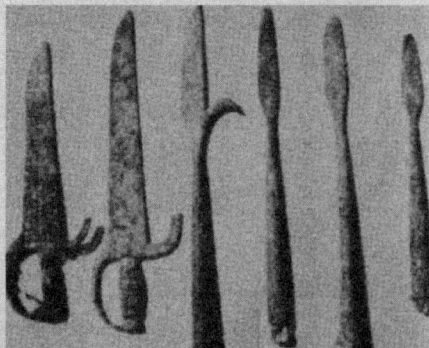

商纣荒淫亡国

约公元前 1066 年，周武王亲率戎车三百乘，勇士三千人，甲士四万五千人，东进伐纣，进入朝歌。纣王自焚。商王朝至此告亡。

纣本为帝乙少子，因此时以嫡庶为核心的宗法制度已初步形成，立嫡不立长，纣因是帝乙正妻所生，得立为太子。纣天资聪敏，体格魁伟，勇力过人，能赤手与猛兽搏斗，能言善辩，恃才傲物。帝乙死后，纣继位为帝王。

纣王好酒色，喜淫乐，广建苑囿台榭，宠爱美女妲己，唯妇言是听，高筑"鹿台"，命乐师师涓作"兆里之舞"、"靡靡之乐"等淫声怪舞，又"以酒为池，悬肉为林"，通宵达旦地饮酒作乐，不理朝政，不祭鬼神，成为罕有其匹的昏君。

纣王昏淫无道，致使百姓怨恨、诸侯离异。为重振自己天子威风，纣王作"炮烙之法"：用青铜制成空心铜柱，中间燃以木炭，将铜柱烧红，凡有敢于议论他的是非的，一律绑在铜柱上，活活烙死。

诸侯梅伯劝谏纣王废除"炮烙"酷刑，纣大怒，将他剁成肉酱，强迫其他诸侯食之，以杀一儆百。后纣又因九侯之女厌恶宫中生活而肉醢九侯。纣王肉醢九侯的举动，激怒了朝臣，但大家只是敢怒不敢言。鄂侯仗着自己是王朝三公的身份，与纣王激烈争

商代奴隶陶塑

牧野之战。图为商军中奴隶倒戈。

辩，指责纣无道，纣当即将他处死，并制成干尸示众。纣醢九侯、脯鄂，西伯姬昌只在暗中叹息，不料为纣王得知，纣王命人将其囚禁在羑里。

纣王淫乱日甚一日，他的庶兄微子不忍坐视国家灭亡，苦劝纣王而不得，只好逃离王朝，隐居民间。纣的叔父箕子对纣的暴政早有不满，他装成疯子，混在奴隶之中。纣发现后，命武士将其囚禁。

纣的叔父比干亲眼见微子逃隐，箕子佯狂为奴，非常伤感。又觉得他们未能尽到人臣责任，认为人主有过错而不劝谏，就是不忠；怕死而不敢进谏，就是不勇。于是他以死相争，接连三日苦苦劝谏纣王，不肯离开一步。纣恼羞成怒，下令杀死比干，剖腹取心，声称要看圣人的九窍之心。

纣王昏乱暴虐，愈演愈烈：杀王子比干、囚禁箕子，人民的不满无以复加，连太师、少师都抱乐器奔周。纣王已众叛亲离、彻底孤立，周王伐纣时机已经成熟。于是，武王遍告诸侯：殷有重罪，不可不征伐！武王亲率大军，与各地赶来的诸侯会合。武王历数纣王罪行，声称要"恭行天罚"。武王十一年二月甲子日早晨（前1066），周之诸侯之师到达距朝歌只有七十里之遥的商郊牧野，庄严誓师。纣王闻讯，匆忙调集大军，开赴牧野，与武王对阵。纣王之师远远多于武王，但是因纣王暴虐已极，遗弃骨肉兄弟，任用奸人，残害百姓，纣王军队无心恋战，只盼望武王尽快打败纣王。双方一交战，纣军士兵就倒戈转向纣王。武王乘势指挥军队冲入敌阵，纣军全线崩溃。

纣王逃回殷都，登上鹿台，用四千多块宝玉环绕周身，然后自焚。武王率大军进入朝歌，百姓们列队欢迎仁义之师。

武王对纣尸连射三箭，然后下车，用剑击之，再用黄钺砍下纣首级，悬于大白之旗示众。

从汤到纣，商王朝历十七代三十王（不包括汤长子太丁），四百九十六年。武王灭了商纣王，商王朝至此告亡。

昭王南征不返

西周初年，南方的楚臣服于周，并定期进贡祭祀用的"苞茅"。但是，周王视其为蛮夷之国，轻蔑待之。其后，楚人积极扩展势力，从而威胁到周王朝封在汉水以北诸侯的利益，周楚矛盾进而激化。成王以后，双方交战不息。昭王瑕继位后，他欲继承成康事业，继续扩大周的疆域，于昭王十六年（前985）亲率大军南征楚荆，经由唐（今湖北随县西北）、厉（今湖北随县北）、曾（今湖北随县）、夒（今湖北秭归东），直至江汉地区。南征共经三年，昭王班师渡过汉水时，相传当地人用以胶粘接的船乘载昭王，到中流船体分解，昭王溺死，军队也遭覆没，使周朝蒙受前所未有的挫折，周朝自此开始衰落。

穆王征犬戎·造父献八骏

西周盠驹尊。铭文记器主在周王执驹时受赏。

穆王元年（前976），昭王之子穆王满继位，在位长达五十五年。他好大喜功，仍想向四方发展。穆王十二年（前966）曾因游牧民族戎狄不向周朝进贡，西征犬戎，获其五王，并把戎人迁到太原（今甘肃镇原一带）。

穆王好游行，致使朝政松弛。东方的徐国率九夷侵周，甚至西至河上。穆王南征，通过联合楚国的力量，才得以平定。

造父是赵国的始祖。造父的先人以擅长养马驾车而著称，中衍曾为商王大戊驾过车。造父受宠于周穆王，因而精心挑选八匹毛色相配、力量整齐的骏马，加以调驯，名为"骅骝"、"绿耳"等，献给周穆王。穆王乘坐八骏马所驾之车，造父为驭，西行至西王母之邦，乐而忘返。

后世流行穆王西征的故事，如晋代汲冢出土战国竹简《穆天子传》所载，虽多不真实，但反映了当时穆王意欲周游天下，以及与西北各方国部落往来的情形。

春秋车战兴极而衰

原始社会的战争主要是步战，直到商代前期，步战仍为主要的作战方式，但到商代晚期，步战方式已开始逐渐让位于新崛起的车战。武王伐纣时，革车 300 乘，虎贲 3000 人。进入春秋以后，车战趋于鼎盛。此时，由于人口的增加，生产力的发展，诸侯国之间兼并战争的连绵与加剧，战争规模愈来愈大，各国对战车日益重视，拥有的战车随之大增。齐鲁等大诸侯国，有战车千乘以上，中等诸侯国如郑宋也有战车数百乘，到春秋末期，一些大诸侯国，如晋国、楚国，拥有战车更高达4000乘以上。车战成为春秋时期的主要战争形式。

战车的种类繁多，主要分为攻车与守车两种，攻车一乘，配备甲士3人，及固定数目的步卒。守车一乘，包括广车、轺车各一，徒役数十人，以作阵线中据守之用。

春秋时期，车战战术有了显著进步。首先，车战阵形有了很大发展，已经普遍地采用了中军和左翼、右翼三部分相配置的宽正面横向阵形。一般以中军为主力，两翼相配合。城濮之战中的晋军、楚军皆以此阵应战。其次，出现了初级的野战防御方法，即设营垒以阻碍战车冲击。再次，战术观念发生巨大变化，破除早期战争重信轻诈的传统，常发动出其不意的进攻。

春秋中期以后，由于争霸战争的新局面，作战地域扩大到中原以外地区，这些地区大多不适于车战，与此同时，拥有大量步兵的新型军队开始组成，而铁兵器的采用和弩的改进，又使步兵得以在宽大的正面上有效遏止密集的车阵进攻。到了战国时期，车战进一步衰落，逐渐为步兵、骑兵所取代。

齐鲁长勺之战

即位不久的齐桓公，不听主政大夫管仲内修政治、外结与国、待机而动的建议，于周庄王十三年（前684）春发兵进攻鲁国，企图一举征服鲁国。

鲁庄公正准备迎战，有一个读书人曹刿求见，他问鲁庄公凭什么与齐交战，庄公说，暖衣饱食，不敢独自享受，一定分给他人。曹刿说，小恩小惠不能施之于众人，老百姓不会因此跟随你。庄公又说，祭祀用的牛羊玉帛，不敢夸大其辞，祝史的祷告一定如实反映。曹刿说，这种诚心不能代表一切，神灵不会因此赐福。庄公接着说，大大小小的案件，我虽然不能一一洞察，但必定按照原则情理处置。曹刿赞扬道，这才是为老百姓尽力尽心，可以凭此与齐军一战。

鲁庄公与曹刿同乘一辆战车。率鲁军在长勺（今山东莱芜东北，一说曲阜北）与齐军对阵。庄公准备击鼓进攻，先发制人，被曹刿劝止。齐军见鲁军按兵不动，便再三发起冲击，均未奏效。几次冲击后，齐军士气沮丧，而鲁军斗志昂扬，曹刿这时才让庄公击鼓进攻，齐军被击溃。庄公急于追击，曹刿恐怕齐军诈败，下车细看齐军车辙痕迹已乱，又登车眺望齐军旌旗已倒，方让庄公下令追赶齐军，终将齐军逐出鲁境。

此战鲁国取胜的原因一在民心所向，一在采取后发制人，敌疲再打的防御战术。

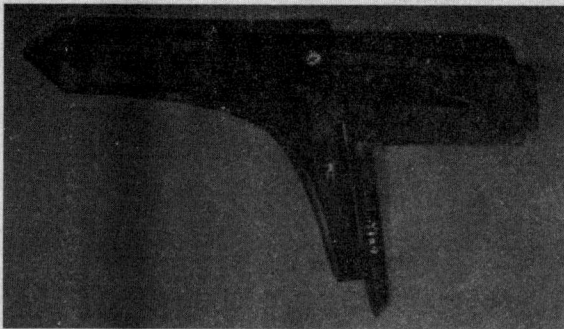

春秋时期青铜戈

秦晋围郑·烛之武退秦师

周襄王二十二年（前630）九月，晋文公联合秦穆公率军包围郑国。晋军驻扎在函陵（今河南新郑县北），秦军驻扎在汜南（今河南中牟县南）。郑国大夫佚之狐见形势危急，便向郑文公建议，派烛之武去见秦穆公，敌军就一定会退走。烛之武推辞说，自己年富力强时，尚且不如别人，现在老了，更无能为力。郑文公说，我没能及早任用您，现在形势危急才来求您，这是寡人之过，请以国家安危为重而完成重托。烛之武才答应，他乘黑夜用绳子从城上垂下来，

错银嵌绿松石铜方豆。河南汲县山彪镇出土的青铜盛食器。新石器时代有盛黍稷的陶豆，最早的铜豆见于商代。春秋战国时铜豆一般多为圆腹，方豆非常罕见。

进见秦穆公，说："秦、晋包围郑国，郑自知行将灭亡。如果郑灭亡而有利于君主，那还值得劳动君主左右随从。然而，灭亡郑国只会给邻国增加土地，邻国强大，就是您的削弱，如果赦免郑国，让它做东道主，那么秦来往使节就会大大方便。再说，晋国的欲望很难满足。晋答应给秦国以焦（今河南三门峡市西）、瑕（今河南陕县南）两地，但转眼就不认帐。晋国已向东边的郑国开拓土地，又欲肆意开拓其西边之地。如果不损害秦国，它又如何西进？"秦穆公听后顿悟，于是与郑文公结盟，又派遣杞子、逢孙、杨孙等人在郑国戍守，然后撤军返归。晋军知道这件事后，狐偃请求攻击秦军，晋文公不允，认为若无秦的援助，晋就没有今天。靠了别人的力量反而去败坏他，就是不仁；失掉同盟国家，就是不智；用动乱代替整齐，就是不武。于是下令，撤军返归。

鄢陵大战

周简王十一年（前575）春，郑国叛晋附楚。夏，晋厉公怒，栾书认为不可使晋国失去在诸侯的霸主地位，必须攻打郑国，于是发兵，厉公亲身率军。郑闻晋军前来讨伐，便派人求救于楚。楚共王率军救郑。五月，晋军渡过黄河，晋、楚两军遇于鄢陵（今河南鄢陵县北）。楚军在早晨逼近晋军，摆开阵势，晋国军吏有些担心。这时，从楚奔晋的苗贲皇也把楚军情况报告给晋厉公，让晋厉公命令晋军把精兵分开去攻击楚的左、右军，然后三军联合进攻楚中军王卒。晋楚两军交战时，晋国吕锜射中楚共王眼睛。楚军被困在险阻之地，公子筏也被晋俘获。战斗自晨至暮，楚将子反命令军吏观察伤情，修理武器，准备再战。楚共王找子反议事，子反醉而不能见，楚共王乘黑夜逃走。楚军退到瑕地时，子反自杀，楚军败归。作战之日，齐国国佐高无咎才到军中，卫献公才从卫国出发，鲁成公才离开坏隤（今山东曲阜境），他们对鄢陵之战都持观望态度。鄢陵之捷，使晋厉公扬威于诸侯，欲霸天下。

吴王破楚入郢

前506年，吴军攻破楚都郢，吴国声威大震，成霸业。

吴楚之间的战争连绵不断，直到吴王僚时期，双方仍是各有胜负。阖闾夺取吴国王位之后，采用伍子胥的计谋，分兵数支，频频出击以调动楚军，楚军四处奔波，疲惫不堪，渐处守势，吴军夺取楚国许多城池。在这样困难的局面下，楚国执政令尹子常却贪鄙残暴，为了索求贿赂而先后扣留了唐、蔡两国的国君，招致两国极大的怨恨。

阖闾九年（前506）冬天，吴王征求伍子胥、孙武的意见，伍、孙二人认为楚将子常贪婪，招怨唐、蔡两国，吴与唐、蔡联合出兵定可胜楚。吴王阖闾便亲率吴国大军，以唐、蔡军队为先导。吴军乘船抵蔡，在淮汭登陆，在豫章一带与楚军隔汉水而对峙。楚左司马沈尹戍向子常献计：包抄吴军后路，毁掉吴军舟船，前后夹击吴军。子常生怕沈尹戍立了大功，故意不采纳他的计策，自己率领楚军主力抢先渡过汉水，与吴军交战，接连三次败北。吴、楚双方又于柏举（今湖北麻城东北）列阵而对。阖闾之弟夫概分析战场形势，认为"子常不仁不义，下属官兵缺乏斗志，只要首先进攻，然后大军跟进，

少虡剑，春秋后期兵器。长锷，宽格，圆茎，喇叭形首。格饰窈曲纹，首饰同心圆纹。剑身中部平脊微凹，两面有嵌金铭文共二十字，记作剑日期及剑名。

楚军必败无疑"，未得军令的夫概带领部下 5000 士兵突袭楚军，楚军溃退，吴王率领大军长途追击，在清发水（今湖北安陆县）追上楚军，趁楚军渡河至水中央时，猛烈进攻，大获全胜。楚军残部继续逃跑，在雍澨（今湖北京山）又被吴军追杀。吴军五战五捷，抵达楚都郢。十一月二十七日，楚昭王携其妹逃出郢，吴军于次日入郢。伍子胥掘楚平王墓，鞭尸 300 以泄旧愤。

勾践伐吴

越王勾践十五年（前 482），吴王夫差率师北上，以会北方诸侯，留太子友、王子地等守国。勾践见吴国内空虚，遂发兵 5 万进攻吴国，吴军大败，六月二十二日吴都也陷于越师之手。吴太子友被俘。吴人赶到黄池向吴王夫差告急，夫差于盟誓之后回师复国，一面又派人送上厚礼向越王勾践求和，越王考虑到一时还不能灭掉吴国，于是许和。4 年之后，越国愈发强大，而吴国则由于连年征战，精锐之师在与齐国作战中损失殆尽，士兵百姓皆疲敝至极。越王勾践于是乘机伐吴，败吴军于笠泽（今江苏苏州南）。夫差二十年，越王再次伐吴，连续征战 3 年，吴军彻底战败。越王勾践将吴王置于姑苏之山，吴王夫差派公孙雄向越王请求赦免吴国，如吴赦越。勾践欲许之而范蠡谏止，终不赦免吴国，夫差自杀，越遂灭吴。

勾践灭吴之后，又率兵北渡淮水，与齐、晋诸侯会于徐州（今山东微山东北），又献贡物于周室。周元王赐命吴王勾践为侯伯。勾践以淮上之地予楚，归吴所侵宋地于宋，予鲁泗水东地百里。当时，越兵横行于江淮，诸侯毕贺，越号称霸王。

勾践灭吴·夫差自杀

前494年，吴败越后，越王勾践卧薪尝胆，抚恤国民，寻机报仇。前482年，夫差在黄池（今河南封丘南）会集北方诸侯，把精锐部队带走，只留下老弱留守。越国趁机发兵五万多进攻吴国，大败吴军，杀吴王太子。夫差收到报告后，请人以厚礼向越请求和解。越王觉得现在还没有力量灭吴，就答应了请求。四年之后，越国更强大，而吴国因为连年征战，精锐人马多死在齐、晋，士兵和人民都十分疲惫。越王勾践率兵讨伐吴国，大败吴军于笠泽（今江苏苏州南）。前476年，越再次伐吴，越军围吴国三年，吴军被击败。

战国武士靴形钺。器作靴形，平刃，銎为椭圆形，銎侧有一环纽。正面一绳索圈内铸一人。在其左右有一些不知名图案。背面有六人。图案与纹饰具有春秋战国时期南方越族文化的鲜明特点。

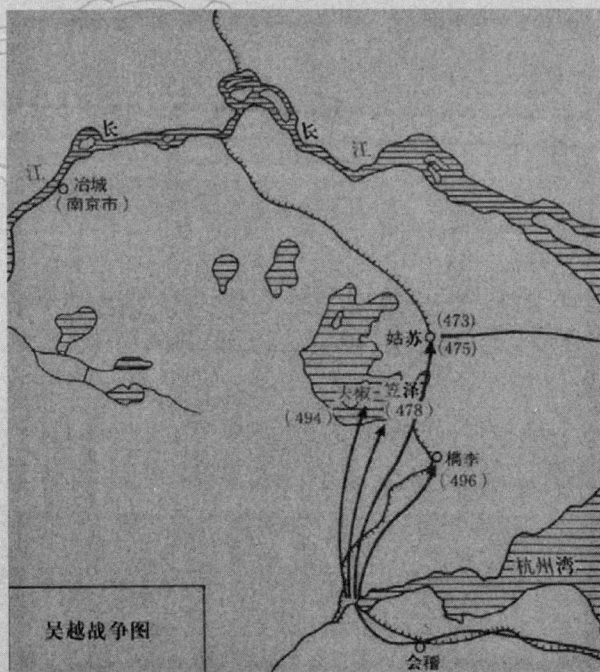

吴越战争图

越军将夫差困在姑苏山（今江苏苏州西南）。夫差派公孙雄肉袒膝行请求和解，而勾践不许。越灭吴后，越王勾践请吴王夫差到甬东（今浙江舟山岛普陀北）居住，并给他三百夫妇，使他可以终老，夫差拒而自杀，临死前遮住面，说无颜见伍子胥。

前473年，越灭吴后，勾践率兵北渡淮水，与齐、晋等诸侯会于徐州（今山东微山东北），向周进贡。周元王派人赐胙，并封勾践为伯。越成为当时大霸。

孙膑围魏救赵

孙膑是孙武后代，生于阿（今山东阳谷东北）、鄄（今山东鄄城北）之间，曾与庞涓一起学习兵法。庞涓当上魏王的将军，但觉得自己才不如孙膑，害怕孙膑取而代之，便设计陷害孙膑。他召来孙膑，砍掉孙膑的膝盖骨，并在他脸上刺字。齐国使者至魏，孙膑以罪人之身秘密与他相见，向他进行游说。齐国使者视之为奇人，将他偷偷载到齐国。齐国将领田忌待之如宾客，孙膑亦倍感其知遇之恩。

田忌曾多次与齐国诸公子赌赛马，胜负参半。孙膑见他们的马足力相去不远，而分为上、中、下三等进行竞赛，便鼓动田忌下大注，并授之以制胜之道，用下等马对他们的上等马，用上等马对他们的中等马，用中等马对他们的下等马，比赛结果，田忌一负两胜，获齐王千金之赏。田忌叹服孙膑的才华，向齐威王举荐，齐威王尊之为师。

孙膑任职后，积极出谋划策，很快就为齐国夺取了"围魏救赵"之战的胜利。赵国为兼并土地和扩张势力，曾进攻卫国，迫使其入朝。卫国原来朝于魏，现在改朝赵，魏国当然不甘坐视，遂起兵伐赵，率宋、卫联军包围赵都邯郸。齐威王四年、魏惠王十七年、赵成侯二十二年（前353），赵国向齐求救，齐国以田忌为将、孙膑为军师，率兵驰援。孙膑认为，魏国攻赵，精锐之师一定都在前线，内部必然空虚，如果率兵直捣

战国镶嵌云纹承弓器

大梁（今河南开封西北），迫使魏将庞涓回救本国，再在庞涓回兵必经途中，选择有利地形设伏，猝然出击，便可以"一举解赵之围而收弊于魏"。田忌采纳了孙膑的计谋。其时魏将庞涓领兵八万，到达茌丘（今地不详），将围攻邯郸。田忌也带八万齐军，按照孙膑之计，向南进攻处于宋卫之间的战略要地平陵（今山东邹县。一说在今河南睢县），并准备直趋大梁城郊，迫使庞涓回师自救。齐国进攻平陵的两个都大夫的军队在途中大败。孙膑派轻快战车向西直趋大梁城郊，使魏军感到震怒。孙膑又将自己的军队分散，给敌人以兵力单薄的感觉，诱使庞涓怒而轻敌，放弃辎重，用急行军兼程赶来。庞涓率军到达桂陵（今河南长垣县西北）时，孙膑率兵出其不意地袭击魏军取得大胜，并活捉庞涓。此役孙膑采用避实击虚、"攻其所必救"之法，"围魏救赵"，大破魏军，成为著名战例。

张仪破楚齐之盟·秦连败楚

秦国从显王四十六年（前323）开始，以张仪为相，推行张仪的连横策略，联合韩、魏两国结成连横，南方的楚国与东方的齐国也结成盟国，形成两大对峙集团。楚怀王十六年、齐宣王七年、秦惠文王更元十三年（前312），楚、齐两国出兵攻打秦国，夺取曲沃（今河南三门峡西南）。秦惠文王想讨伐齐国，又担心齐、楚间互相救援，张仪请缨赴楚活动，试图破坏楚、齐联盟。于是，秦惠文王诈称已免去张仪相职，张仪到楚国后，声称愿为楚国效劳，骗取了楚怀王的信任。随后张仪用欺诈之术诱使楚与齐断绝往来，而与秦结成联盟，互相嫁女娶妇，永为兄弟之国。楚臣陈轸曾在秦国为官，素知张仪其人，知道张仪又在玩弄诈术，因此向楚怀王忠告：秦之所以看重楚，是因楚有齐为盟国，若是听信张仪之言，与齐断交，那么楚国就会孤立无援，就有被秦国攻打的危险。然而，楚怀王对陈轸的良言听不进耳，认定张仪是为楚国着想，很快便任用张仪为相，又接连派使者到齐国宣布断绝盟约，甚至出言不逊，辱骂齐宣王。齐宣王大怒，一面与楚国断绝交往，一面不惜降低身份请求与秦国结交，于是秦齐两国交和。张仪见目的已达到，就又回到秦国，恢复相位，但不再承认对楚怀王的承诺。

楚怀王被张仪所欺，大怒不止，准备发兵攻秦。楚臣陈轸见事已至此，便劝楚怀王不如送给秦国一座城邑，与秦合兵攻齐，如此则虽因献城受些损失，却可以从齐国那里得到补偿，楚国也可得以保全，现在刚与齐绝交，再出兵攻秦，等于促使齐、秦联合对付楚国，楚国就危险了。

楚怀王盛怒之下不听陈轸之言，派将军屈匄率军讨伐秦国，秦派魏章、樗里疾、甘茂迎击，韩国又出兵助秦，于次年春天在丹阳（今河南西峡丹水以北地区）大破楚军，获楚主将屈匄和裨将逢侯丑以下七十余名楚国将领，斩首八万。秦军随后继续进攻，取汉中地八百里，在南郑（今陕西汉中）置汉中郡。楚怀王受张仪之骗又遭此惨败，痛愤不已，下令征召全国军队全力攻秦，又在蓝田（今湖北钟祥西北）为秦军所败。韩魏此时得悉楚军失利，乘机夹击楚国，一直进攻至邓（今湖北襄樊北）。楚国三面受困，只得割让二城于秦，以求和修好。

秦国既败楚，张仪又向秦惠文王建议，秦战胜楚国后，可作某些让步，拉拢楚国，使之与秦国结盟，以利于秦的发展。秦惠文王最后决定将汉中一半土地归还楚国，以修旧好。但楚怀王对张仪痛恨之极，表示宁可不要汉中地，也一定要得到张仪。张仪分析形势，胸怀成竹，自愿赴楚。张仪到楚国即被囚禁，楚怀王欲杀之。张仪厚赂楚怀王亲信靳尚，又得楚怀王宠妃郑袖枕边进言，楚怀王果然冰释前嫌，将张仪释放并盛情款待。张仪趁机劝说楚怀王背弃合纵盟约，与秦国亲善，楚怀王竟同意。张仪破坏楚齐联盟大获成功，秦国此后又得以击败齐国。

陈胜吴广大泽乡起义

二世元年（前209）七月，陈胜、吴广于大泽乡起义，反对秦朝统治。

陈胜（?~前208）字涉，阳城（今河南登封东南）人，家为雇农。吴广（?~前208）字叔、阳夏（今河南太康）人，贫苦农民出身。陈胜年青时，常受雇为人耕作，一次在田间劳作，他放下耒锸休息，心情怅憾，叹道："苟富贵，无想忘"（他日如得富贵，不会忘记今日在一起受苦的同伴）。同伴闻之不以为然，陈胜叹道："嗟乎，燕雀安知鸿鹄之志哉！"秦二世元年（前209）七月，征发闾左（秦时贫弱农户居闾里之左，富者居右）900人戍守渔阳（今北京密云），陈胜、吴广皆被征调，并为屯长，行至大泽乡（今安徽宿县东南刘村集），天降大雨，道路不通，预计无法按期到达，依照严酷的秦法，失期当斩。陈胜与吴广谋议：现在逃是死，若举大事也是死，都是死，为国事死不是更好吗？陈胜又说：天下苦秦久矣！现在若以我们900人，借用公子扶苏、项燕的名义，为天下首倡起事，必有无数人响应，吴广以为然。

陈胜吴广两人又巧设"鱼腹丹书"、"篝火狐鸣"制造起义舆论，声言"大楚兴，陈胜王"，并伺机杀死两名押送将尉，陈胜随即号令戍卒："各位都失期当斩，设若不斩，戍守死边的必有六七成；再说壮士不死则已，死就要成大名，王侯将相难道是天生的贵种吗？"900人异口同声，一举赞成举大事，于是筑坛为盟，称大楚，陈胜自立为将军，吴广为都尉，首先攻下大泽乡，进而攻占蕲县及附近各县，中国历史上第一次大规模的农民起义就这样爆发了。

及攻占陈县（今河南淮阳）时，起义军拥有战车六七百辆、骑兵千余人，步兵数万人，魏国名士张耳、陈余逃匿在外，献计陈胜"遣人立亡国后，自为树党，为秦益敌"。陈胜不听，乃自立为王，国号"张楚"，诸郡县之民苦秦苛法，"斩木为兵，揭竿为旗"，争杀长吏以应陈胜，农民起义达到高峰。

楚汉相争·彭城大战项羽大败刘邦

汉元年（前206）八月，关东战火续起，刘邦也出兵关中，平定三秦地。汉二年（前205）十月，赵将陈余与齐相约联手攻击并驱逐常山王张耳，张耳兵败归附汉王。刘邦出关镇抚关外父老，河南王申阳投降，刘邦以他的领地设立河南郡。并让韩襄王孙信为韩太尉，率兵在阳城（今河南登封东南）进攻韩王郑昌（项羽所立），以扫除东进障碍，郑昌投降。十一月，刘邦立韩太尉信为韩王。汉二年正月，刘邦手下诸将攻克北地郡（今甘肃西峰东南），俘虏章邯弟章平。三月，刘邦由临晋（今陕西大荔朝邑）渡过黄河进入河东郡（今山西夏县西北），魏王豹投降。此后刘邦率军东进攻取河内郡（今河南武陟西南），活捉殷王司马卬，并以他的领地设立河内郡。此时刘邦汉军势力日益强盛。另外，汉二年十月，项羽暗中命令九江王英布、衡山王吴芮、临江王共敖等袭击义帝，并将义帝杀死在长江中。三月，刘邦至洛阳新城，采纳三老（官名，掌一乡之教化）董公建议为义帝发丧，并遣出使者向各路诸侯通报，要求大家协同作战，讨伐项羽。四月，刘邦率领五路诸侯（常山、河南、韩、魏、殷）联军共56万人，从洛阳出发，号召为义帝复仇，向东讨伐项羽。行至外黄（今河南杞县东），彭越率兵3万余人归附汉王。刘邦任命他为魏相国，命令他率兵平定梁王的领地。刘邦迅速进入彭城，接收项羽的物资、珠宝和美人，日日饮酒作乐。项羽闻讯，命令其部将留守齐地，自己率3万精兵南下向刘邦扑来。项羽从鲁（今山东曲阜）一路南下，越过胡陵（今山东鱼台东南）进军到彭城西郊的萧县（今安徽萧县西北），并于第二天早晨向刘邦汉军发起攻击，东逼彭城，至中午大破汉军。汉军溃败，拥挤仆倒跌入谷水、泗水，死伤10余万人。汉军南逃，项羽紧追不舍，至东濉水上，汉军跌入水中被淹死10余万人，竟阻断一河水流。适逢由西北方向突然刮起大风，飞沙走石，一时天昏地暗。楚军惊骇，阵脚大乱而溃散。刘邦乘机与几十名骑兵逃去。途中遇子刘盈（即后来的汉惠帝）、女鲁元公主，于是一同逃走。刘邦的父亲太公、母亲刘媪及妻子吕雉等则为项羽俘虏，作为人质。经此一战，诸侯再一次背叛汉王亲楚王。刘邦也因此而大伤元气，不得已由彭城退守下邑（今安徽砀山），渐渐收集失散和逃亡的士卒。五月，刘邦到荥阳，各路败军都来会集，此外又得到关中兵员补充，势力再次大振，于是和项羽楚军在京（今河南荥阳东南）、索（今荥阳）之间相持不下。

漠北大战·汉匈自此无大战

砖范刻文。内蒙古自治区呼和浩特出，正面有千秋万岁，安乐未央。从书体考察，应是西汉时物。它反映了汉与匈奴间长期和好的愿望。

匈奴双豹裹鹿铜饰牌

元狩四年（前119），汉、匈军队在漠北一带发生激战，汉军大胜。从此，匈奴远遁，汉朝基本解除了匈奴的军事威胁。

击败匈奴，是西汉商人地主的迫切要求。汉武帝审时度势，于前118年命大将卫青、霍去病等人率领远征军远征匈奴。卫青、霍去病各带领5万骑兵、4万随军运装行装之私人马匹和数十万步兵及转运者，分别从定襄（今内蒙和林格尔）、代郡（今河北蔚县）出发，越过漠北追击匈奴。

卫青率军行千余里度漠，扎环状营，以兵车自卫，然后命5000骑兵去单于阵中挑战，与万骑单于骑兵发生激战。天近傍晚时，漠上刮起大风，飞沙走石，于是卫青趁机令左右翼骑兵从侧面迂回包抄。单于战不能胜，守不能支，被迫撤营冒险突围，向北遁去。汉军乘胜连夜追击，直至寘颜山赵信城（今蒙古讷拉特山）。是役，卫青捕获或斩首匈奴军1.9万余人，大胜而返。

霍去病亦率军与匈奴左贤王之军作战，追至2000余里，把匈军逐出居胥山（今蒙古德尔山）以远。

霍去病在战争中足智多勇，俘虏匈奴小王 3 人、将军和相国等高级官员 83 人。匈奴军死伤 70443 人。是役，令匈奴元气大伤，闻风丧胆。此后，匈奴长期游牧于漠北，无力南下。

通过漠北之战，匈奴远遁，漠南一带没有政权统治，亦不再受匈奴侵扰。而汉军也因骑兵缺少骏马，没有再次去漠北讨

匈奴古墓杂技壁画

伐匈奴。这样，匈、汉相安无事，长期没有发生大规模的战争。

武帝战胜匈奴，打通了到塔里木盆地及中亚的商路，匈奴控制的河西走廊被汉朝接管。从此，在从中原到中亚的丝绸之路上，西汉的外交使节和商人源源不断，丝绸之路逐渐形成中西交流的一座桥梁。

汉征四方

西汉武帝时，政权如日经天。武帝刻意经营边疆地区，不断派军征讨四方，胜利进军，创造了辉煌的业绩。

武帝即位数年，即征讨东瓯、两粤、江淮之间；唐蒙领军凿山通道千余里，臣服西南巴蜀之民；东北则收朝鲜，置苍海郡。最浩大的征伐是汉匈之战，可谓兵连而不解，年年共其劳。当时，羽檄飞驰，急如星火，号角之声，遍于全国，到处都可以看到开上前线的军队。这些远征军或楼船浮海，或开山劈道，或轻骑出塞，或重装屯田，前仆后继，征战不绝。

汉朝的战事，大都在短期内胜利结束。随即在该地设置郡县治理，并移民实边，如平西南夷置五郡，败匈奴置四郡。

匈奴是汉经营疆域的最大敌手。匈奴又控制中原到西域的唯一通道河西走廊，所以，汉朝以全力进行对匈奴的战争。前 121 年，西汉的军队，终于完全占领了河西走廊，打通了到塔里木的通路。

西汉的势力很快就支配着塔里木盆地诸国，但匈奴的小组骑兵，仍然出没于天山南北，遮去西汉的外交使节和商人。西汉的势力一天天西展，到前102年，李广利竟征服了大宛国（今哈萨克、乌兹别克一带），把汉朝的势力推进到中亚。

在日益扩大的战争中，也涌现了许多民族战争的英雄，如：王恢、韩安国、唐蒙、李广、卫青、霍去病等人。在这些英雄的统率下，西汉对匈奴、西羌、南蛮、东夷的征战，基本都胜利凯旋。

西汉政府在奠定我国疆域的事业中，在中国历史上创造了一页空前辉煌的纪录，同时也促进中外交通的发展和民族融合。

西汉彩绘骑马俑。充分显示汉军的威武阵容。

汉与乌孙共击匈奴·匈奴大衰

　　本始二年（前72）秋，匈奴多次侵扰汉边境，又西攻乌孙。乌孙王昆弥和解忧公主多次上书汉宣帝，表示愿意征发精兵5万骑抗击匈奴。汉答应乌孙的请求，派田广明、赵充国等5位将军率兵15万共同打击匈奴；又派校尉常惠持符节护乌孙兵进军。本始三年（前71）正月，汉五位将军领兵从长安出发。匈奴闻之大为惊恐，老人弱者驱赶着牲畜逃往远方。五月，5位将军凯旋，共俘斩匈奴3千余人。乌孙王昆弥亲自率领5万兵马和汉校尉常惠从西方攻入匈奴右谷蠡王宫庭，俘斩匈奴名王、都尉以下4万人，夺牲畜70余万头。匈奴民众伤亡及畜产因远移而死亡的不计其数，元气大伤。

　　这年冬天，匈奴单于亲率数万骑兵进攻乌孙，挟掳乌孙老弱欲回国。适逢天下大雨雪，人、畜大半被冻死，生还的不到十分之一。这时，丁零、乌桓、乌孙乘势进攻，三国共杀匈奴数万人，俘获数万马匹和许多牛羊。匈奴又闹饥荒，十分之三的人民和十分之五的牲畜饿死。从此匈奴势力大大削弱，以前归附匈奴的各国也纷纷瓦解。后来汉朝又派3千余骑兵马分三路攻入匈奴，生俘数千人。经过这次战争，匈奴急于与汉和亲，边境渐趋安宁。

西汉甲胄武士俑

对匈战争全面发动

　　始建国二年（10）十二月，王莽发动了对匈奴的大规模战争。

　　王莽执政期间，对匈奴采取了错误的民族政策。一方面无理干涉匈奴内政，下令分匈奴全国为 15 部分，并派人到边境强立呼韩邪单于诸子，封为单于；另一方蓄意压低匈奴单于的政治地位，强改乌珠留单于本名为"知"，将"匈奴单于"之号改称为"降奴服于"。这些行为自然引起了匈奴族的极大不满，因此匈奴不断入塞掠杀吏民、南侵晋陕，边境骚乱不安。为此，始建国二年（10）十二月，王莽下诏派遣立国将军孙建率 12 位大将带领 30 万大军，分六路对匈奴进行全面的讨伐战争。第一路，遣五威将军和虎贲将军出五原；第二路，遣厌难将军和震西将军出云中；第三路，遣振武将军和平狄将军出代郡；第

匈奴古墓壁画牧羊图。自古以来，逐水草而迁徙的北方游牧民族承担东西方文化交流的重要使命。

四路，遣相威将军和镇远将军出西河；第五路，遣诛貉将军和讨秽将军出渔阳；第六路，遣奋武将军和定胡将军出张掖。各路大军穷追匈奴，先到者驻扎在边境。天凤六年（19），王莽再次发兵攻击匈奴，"招募天下丁男及死罪囚徒、吏民奴"，称之为"猪突"、"豨勇"，作为精锐部队；又命全国吏民捐献资产的三十分之一用作军费；同时远征招天下有奇技异能足以攻匈奴的人，以高官厚禄激励他们参战。尽管如此，征伐匈奴的战争并没有取得胜利，相反损失惨重，"数年之

间，北边虚空，野有暴骨矣"（《汉书·匈奴传》）。

王莽发动的两次对匈奴的全面战争，不仅加重了国内人民的负担，而且破坏了自汉武帝以来汉匈之间和平安定、和睦相处的局面。

马援破先零羌参狼羌

东汉前期散布于西北部的羌人时常发动叛乱。建武十一年（35）夏，光武帝刘秀任命马援为陇西太守，马援派骑兵3000人，在临洮（今甘肃岷县）击败先零羌，斩首级数百，获马牛羊过万，守塞诸羌8000余人降汉。当时，先零羌诸种尚有数万人，马援和扬武将军马成深入讨击，大破诸羌，斩首1000多人。汉将投降的羌人迁至天水、陇西一带定居。建武十三年（37），武都参狼羌与塞外诸羌联合作乱。马援率军讨伐。在氐道（今甘肃天水市西）与诸羌相遇。羌人因缺水少粮不得不逃出塞外，10000余人投降东汉，从此，陇西太平。马援击败先零羌、参狼羌，维护了陇西地区的安宁，促进了当地的经济发展和民族融合。

羌人墓葬。羌族与氐族是秦汉前青藏高原的主要居民，图为四川汶川县的羌人墓葬。

汉政府屡破南匈奴

永和五年（140），南匈奴各部叛乱此伏彼起，但先后被汉政府平定。

4月，南匈奴左部句龙王吾斯、车纽与右贤王领兵万余合击美稷（今内蒙准噶尔旗西北），朔方、代郡相继失守。但旋被马续、王元等人率领的边境诸郡士兵击退，匈奴败走他处。

5月，吾斯再次叛乱。南匈奴单于休利因约束部下不力，汉政府严辞逼迫单于招降反者，单于无奈，被迫自杀。同时，南匈奴右贤王抑鞮是发动叛乱，不久，被马续汉军击败。于是他又率13000余人归附汉朝。

东汉骑马铜人

同年秋，车纽继位单于，联合乌桓、羌、戎等族数万人，再次侵略西北边地，直逼晋、陕、甘一带。张耿奉命抵抗匈奴，在马邑（今山西朔县）发生大战，汉军旗开得胜，俘获人口、牛羊、兵器无数。

虽然汉军屡破南匈奴，但东汉在西北的势力并没有大的发展。

曹操平定关中

建安十六年（211）三月，曹操命司隶校尉钟繇征讨汉中郡（今陕西汉中东）张鲁。进兵汉中必经关中，于是钟繇进兵关中。当时关中（古称幽谷关以西为关中，古幽谷关在今河南灵宝东北）诸将各据一方，而其中以马超、韩遂二股势力最强。关中诸将以为钟繇将要袭击自己，一时俱反。马超、韩遂、侯选、程银、杨秋等十将合兵十万，屯据潼关（今陕西潼关县北），阻挡曹军进关。七月，曹操派曹丕留守邺城，亲率大军赶赴潼关前线。八月，曹军兵至潼关，与马超等军夹关对峙。曹操见潼关一时难以攻下，暗中派大将徐晃、朱灵先渡过黄河，然后接应全军北上渡河进击。曹军渡过渭河后，在渭南安营与马超等军对峙。马超等慑于曹军声威，请求割地求和，曹操不许。马超率军来战，曹操又坚守不出。不久，马超等再次求和。曹操假意许和，使用分化瓦解之计，离间关中诸军。时机成熟后，曹操出兵与关中军决战，大破关中诸军，阵斩关中将成宜、李堪等人。马超、韩遂、杨秋逃离关中，

南京古石头城遗址。孙权曾在此依山筑城，因江为池，与曹操、刘备形成三足鼎立之势。

杨秋投降。十二月，曹操留大将夏侯渊驻长安镇守关中，自己率军回师。至此，曹操完全平定了关中。

诸葛亮六出祁山攻魏

刘备死后，诸葛亮辅佐蜀后主刘禅，在安定内部，经营益州和平定南中后，又恢复了与吴的联盟。自蜀建兴五年（227）起，诸葛亮便开始率军北伐曹魏，至建兴十二年（234）共六次出师，俗称"六出祁山"。

建兴五年，诸葛亮率军北屯汉中，准备北伐。次年（228）正月，诸葛亮派赵云、邓芝诈为疑兵，将魏军部分主力吸引到郿县一线，自己实则亲率大军攻祁山（今甘肃西和祁山堡）。诸葛亮兵锋所向，魏军望风披靡，魏天水、南安、安定三郡相继叛魏降蜀，魏国朝野震动，立即派曹真在郿迎敌，派张郃督步骑五万在祁山抗击诸葛亮。诸葛亮派参军马谡为先锋，率军与张郃战于街亭。然而马谡不听诸葛亮的指挥，被张郃切断水道，大败军溃。诸葛亮进无所据，只好率军退回汉中。

同年（228）冬天，诸葛亮听说魏将曹休攻吴失败，魏兵东下，于是第二次出师。诸葛亮引兵数万出散关，围陈仓。因陈仓围攻20多天不克，粮尽退兵。

建兴七年（229）春，诸葛亮派陈式进攻魏武都、阴平二郡，取得二郡，班师回蜀。

建兴八年（230），魏将司马懿、张郃、曹真分三路进攻汉中。诸葛亮率军北上，屯于城固（今陕西城固西北）赤坂。适逢大雨，道路不通，魏军因而退回。

建兴九年（231）二月，诸葛亮出军围祁山，造木牛运粮。蜀军斩杀魏军3000人，大胜。六月，诸葛亮因粮尽退兵。张郃追击，被蜀军射杀。

建兴十二年（234）春，诸葛亮领兵十万出斜谷攻曹魏，四月，蜀军抵郿占据渭水南岸的五丈原（今陕西眉县西南），与北岸二十万魏军相对峙。由于多次军粮不继，中途退军。同年八月，诸葛亮不幸病死，蜀军只好撤退。

诸葛亮六次与曹魏的战争，实际上一次为防御战，五次为主动出击，而从祁山出兵仅两次，所以"六出祁山"的说法并不准确。

魏吴战于东兴

魏嘉平四年，吴建兴元年（252），十二月，魏国大将军司马师采纳镇东将军诸葛诞的建议，命令征南大将军王昶攻打东吴南郡（今湖北汉水以西，江陵、当阳一带），镇南将军毋丘俭攻打武昌（今湖北鄂城），以牵制长江上游的吴兵，然后命令征东将军胡遵、镇东将军诸葛诞率 7 万兵力攻打东兴（今安

魏陶犀

徽巢县东南）。吴国太傅诸葛恪率4万兵力，昼夜兼程前往救援。魏军到达东兴，在堤上列兵，分兵攻打两城，没有攻下。当时天寒下雪，胡遵等置酒高会，吴冠军将军丁奉见到这种情景，观察到魏前部兵少，便对其3000兵士说："取封侯爵赏，正在今日。"于是让兵士卸下铠甲，放下长兵器矛、戟，只戴头盔刀盾，裸身沿堤前行。魏兵没有加以提防，只觉好笑，吴兵则鼓噪而前，攻破魏前营，随后吴将吕据等也赶到，魏军大惊，四散逃去，伤亡数万人，前部督韩综、乐安太守恒嘉都战死。韩综原为吴将，其父韩青去世后，他便叛变投降了魏国，孙权恨之入骨。故诸葛恪命人将韩综首级祭告孙权庙。这一次战役，吴国俘获魏牛马、骡驴各以千数，资器堆积如山。第二年正月，王昶、毌丘俭听说胡遵等已兵败，便烧营退兵。

晋军灭吴

晋武帝司马炎称帝后便着手准备灭掉吴国。晋泰始五年（269），晋尚书左仆射羊祜都督荆州诸军事，经常操练士兵，增强军队的战斗力。同时羊祜镇守襄阳，经常与晋武帝在宫中商量盘算灭吴的大计，羊祜为晋灭吴做了大量的准备工作。晋咸宁四年（278）羊祜病逝，司马炎任命杜预为镇南大将军都督荆州诸军事，以继续羊祜未竟的大业。

279年，杜预和王濬上表晋武帝请求发兵征讨吴国。朝廷中张华等主战派也努力排除贾充、荀勖等人异议，奉劝晋武帝发兵，司马炎同意了请求，任命张华为度支尚书，主持伐吴大计，掌管漕运粮饷，同时，下诏伐吴。

司马炎按羊祜生前所提方案、部署六路大军，20万人，以太尉贾充为主帅，冠军将军杨济为副统帅，齐头奔进，大举伐吴。

镇军将军琅邪王司马伷出涂中，安东将军王浑出江西，建威将军王戎出武昌，平南将军胡奋出夏口，镇南大将军杜预出江陵，龙骧将军王濬、巴东监军唐彬下巴蜀。

晋军一路所向披靡，所至皆克。晋咸宁六年（280）正月，杜预攻向吴江陵（今湖北），二月十七日攻克江陵，斩吴江陵督伍延，于是沅湘以南至交、广州境，吴州郡均降晋。二月初一，王濬、唐彬率晋军水军从蜀顺流而下，击败吴丹阳监盛纪，吴人在江渍要害地方用铁锁拦截，又造大铁锥，长一丈余，放置江底，抵抗晋水军，王濬于是造大筏数十，顺水放筏，遇铁锥，锥都刺在筏上附筏而去，又造大炬，长十多丈，大数十围，用麻油灌满放在船的前面，遇到铁锁，就点着大炬把它烧断，于是晋水军船行无阻。二月初三，王濬攻克西陵；初五，再下荆门；初八，杀吴水军都督陆景；十八日，王濬、王戎与胡奋共取夏口（今湖北武汉）、武昌（今湖北鄂县）。

晋咸宁六年（280）二月，杜预与各路晋军于武昌召开军事会议，有人提出等来冬进军，但杜预认为晋军兵威已振，势如破竹，应一鼓作气，于是他向各路大将面授进攻方略，乘胜直取建业（今江苏南京）。果然，晋军扬帆东下，吴军非溃即降。

晋咸宁六年（280）三月，晋龙骧将军王濬自武昌直取建业，吴帝孙皓遣游主将军张象率水军万人抵抗，吴军望旗而降，王濬兵甲满江，旌旗烛天，威势甚盛，这时王浑、司马伷都逼近建业，吴帝孙皓依光禄勋薛莹、中书令胡冲等的建议，分别派使者奉书给王浑、王濬、司马伷请降。三月十五日，王濬水军过三山（今江苏南京长江边），王浑要王濬暂停战事，王濬举帆直指建业，回报说："现在风向正合适，不能将船停下。"当日，王濬就率领八万士兵、百里船队进入石头城（今江苏南京北郊）。吴帝孙皓向王濬投降。至此，吴国灭亡。全国复归统一。

"八王之乱"开始

晋永平元年（291），贾后命楚王司马玮杀杨骏及其同党，剪除其势力。以汝南王亮和卫瓘辅政，不久又让楚王玮杀司马亮及卫瓘，随即又矫诏杀了司马玮。贾后独掌朝政。

晋元康九年（299）末，贾后将皇太子司马遹废为庶人，以便自己长期专权，绝人所望，没想给赵王伦发动兵变制造了借口。永康元年（300）四月三日，赵王伦和孙秀联结右卫佽飞督闾和发兵进攻洛阳，斩杀贾后。一场持续16年之久的皇族夺权混战就此开始。这场混战史称"八王之乱"。

赵王伦于攻占洛阳的第二年（301）废帝自立。齐王同、成都王颖、河间王颙联兵向他发起进攻，杀了赵王伦，拥惠帝复位。齐王同辅政专权，引起义愤，长沙王义和河间王又联合起来，举兵攻同，同兵败被杀。长沙王义掌握朝政。

晋太安二年（303），河间王颙又联合成都王颖进攻长沙王义，颖得以独断朝政。这年底，东海王司马越起兵攻义，义兵败被杀，司马越奉惠帝之命攻打颖，失败后颙乘机攻占洛阳，独揽朝政。

晋永兴二年（305），司马越再次起兵进攻颙，颙战败，与颖相继被杀，晋光熙元年（306），晋惠帝中毒而死，司马越另立司马炽为帝，即晋怀帝，自掌大权。"八王之乱"方告结束。

王敦起兵武昌反晋

东晋建立初期，政权并不稳固。内朝与方镇之间矛盾尖锐。东晋以扬州属内朝，荆州为最强大的方镇，内朝与方镇的矛盾就表现为"荆扬之争"。

建兴三年（315），司马睿任命王敦为元帅，率兵讨伐杜弢。后被任命为江州刺史，指挥江州、扬州、荆州、湘州、交州、广州等地军事。王敦坐镇武昌，

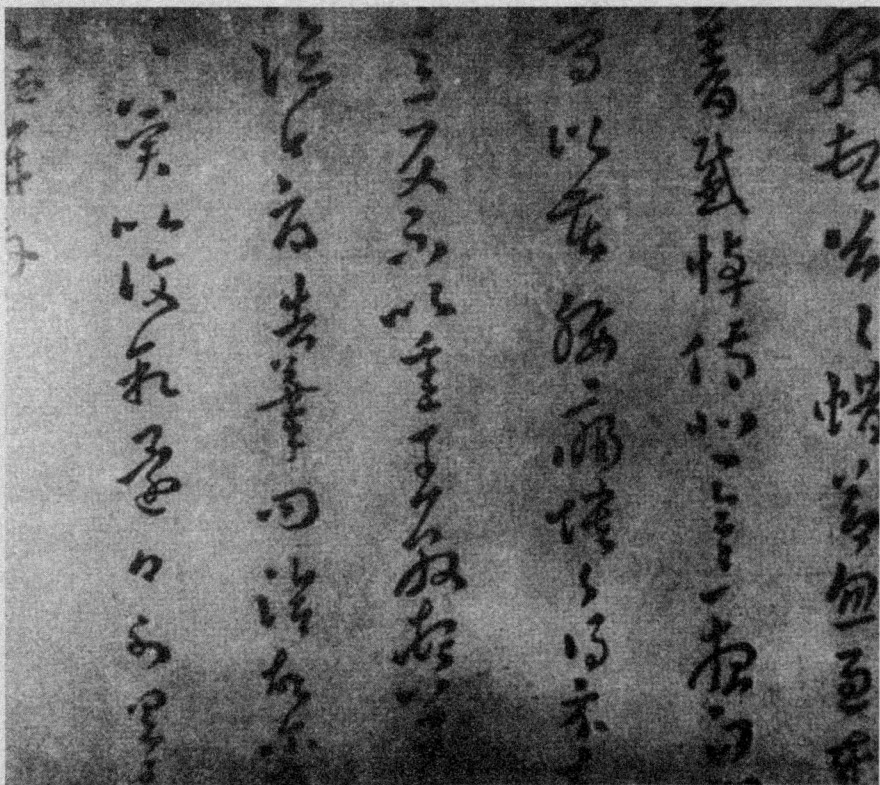

王敦手札

自行选派官吏，任命武将，兼统州郡，专擅之心迹渐已暴露。

永昌元年（322）正月十四日，王敦借口清君侧除刘槐，在武昌（今湖北鄂城）起兵反晋，沈充在吴兴（今浙江湖州西南）响应，揭开"荆扬之争"的序幕。三月，王敦前锋杜弘进逼石头城，晋将周札开门迎降，王敦便攻石头城，杀周颉、戴渊。晋元帝令公卿百官去拜见王敦，并任命他为丞相，都督中外诸军、录尚书事、江州牧，又封为武昌郡公，王敦未予接受；相反，他改换百官与诸军镇，为所欲为。四月，王敦退后回武昌。

永昌二年（323）四月，王敦移师姑熟（今安徽当涂），自己担任扬州牧，图谋篡位。太守二年（324）五月，王敦病重。晋明帝司马绍下诏讨伐王敦，任命王导为大都督，温峤都督东安北部诸军事，郗鉴指挥从驾诸军事，又诏征苏峻、祖约等保卫京城。王敦以诛杀温峤等为借口，以兄含为元帅，率众五万进攻建康，再反朝廷。不久，王敦病死，王含军被击溃。

前秦统一北方

前秦建元十二年（376），前秦攻灭前凉、前代，并进占东晋梁、益2州，前秦遂统一北方。

前秦建元六年（370），前秦攻占邺城，灭前燕，除掉了北方最大的强敌。

建元九年（373）冬，前秦派王统、朱肜率军2万由汉川出击，毛当、徐成率军3万由剑门出击，进攻东晋。十一月，他们分别攻克汉中、成都等地，占取东晋梁、益2州。邛、筰、夜郎等都向前秦称臣。

建元十二年（376）七月，前秦主苻坚派武卫将军苟苌、左将军毛盛、中书令梁熙、步兵校尉姚苌等率步兵骑兵13万，向西攻击，征讨前凉。8月，前秦兵至前凉境内，

河北易县出土"大秦龙兴代古圣"瓦当

前凉骁烈将军梁济投降。于是，苻坚派出使者赴前凉命令前凉主张天锡到长安，张天锡大怒，杀前秦使者，并亲自领兵5万集结金昌（今甘肃古浪）准备抵御前秦进犯。秦苌率士兵3000人为前驱发起攻击，前凉将马建率万余人迎降。于是前秦军全线出击，大败前凉常据，常据也兵败自杀。前秦军乘胜追击，与前凉将赵充哲在赤岸（今甘肃武威南）一带激战，斩杀前凉士卒3.8万人，充哲战死，前秦大军进兵至姑臧城（今甘肃武威）。张天锡见此担惊受怕，亲自出城督战。由于城内前凉兵反叛，遂率数千骑仓惶退守姑臧城。前秦兵乘势追至城下，张天锡被迫率众投降。至此，前凉灭亡。前凉共传9主，历时75年。苻坚封张天锡为归义侯，任命其为北部尚书，并将其手下豪强7000余户迁到关中。不久，苻坚又任命梁熙为凉州刺史，管理地方事务。由于梁熙治理有方，凉州局势得以安宁。

前秦灭前凉后，立即着手攻击代国。在此之前的前秦建元十年（374），匈奴铁弗部首领刘卫辰为代王什翼犍所迫，逃至前秦，向秦王苻坚寻求救助。苻坚随即任命幽州刺史、行唐公苻洛为北讨大都督，率领幽州、冀州兵10万北上讨伐代国；同时命令并州刺史俱难、镇军将军邓羌等率步骑兵20万，分东、西两路向北出击，与苻洛会师，并以刘卫辰为向导。建元十二年（代建国三十九年，376）十一月，代王什翼犍让鲜卑白部、独孤部抵御前秦兵，但均遭失败。于是又让南部大人刘库仁率10万骑兵迎战前秦兵，也大败而归。当时正值代王什翼犍生病，不能亲自率兵应战，只得率部逃往阴山以北。不久，代国部落离散，代王又因高车部落反叛，不得已又退回漠南。十二月，代王什翼犍回到云中（今山西原平西南），因王位继承问题，代王室发生内讧，庶长子寔君杀什翼犍及诸弟。前秦军乘机发动进攻，杀寔君。什翼犍孙拓跋珪与母亲贺氏投奔贺兰部酋长贺野干之子贺讷。至此代国灭亡。代自建国到为前秦灭亡，历时62年，共7代。代灭亡后，苻坚召代国长史燕凤，探讨代国内讧的原因，并采纳了燕凤建议，于建元十二年（376）十二月下令，以黄河为界，将代国版土一分为二，分为东、西两部，东部属南部首领刘库仁，西部属铁弗部首领刘卫辰，并给他们封官进爵，让他们管理原代国百姓。

至此，前秦基本上统一了北方，地广兵强，与南方的东晋以淮水为界，隔河相对。

魏败齐

北魏太和二十一年（497）八月，孝文帝率兵20万出洛阳，南攻襄阳。九月，又带兵到宛（今河南南阳），攻克宛城外城。齐南阳太守房伯玉据内城坚守。十月，孝文帝攻宛不克，乃留太尉元禧继续进攻，自己率兵攻新野。齐新野太守刘思忌据守，魏军攻之不克，乃围困之，并派人到城中劝降，刘思忌拒降。当时魏右军府长史韩显宗屯军赭阳（今河南方城县东北），齐成公期遣胡松带兵攻其营，韩显宗力战大败齐兵。

建武四年（497）十一月，齐皇帝乃令徐州刺史裴叔业改攻虹城（今安徽五河县西），抓获4000多人。齐又派太子中庶子肖衍、右军司马张稷救雍州。前军将军韩秀方等15位将领降魏。魏又在沔北打败齐兵，俘虏将军王伏保等。将军王县纷率万余人攻魏青州黄郭戌，魏守军崔僧渊反攻，全灭齐军。将军鲁康祚、赵公政率兵万人侵魏太仓口，魏豫州刺史王肃派长史付永带兵3000人，用计打败齐兵。之后，付永又败裴叔业。齐攻魏的几路兵马，都以失败告终。

永元元年（499）三月，齐太尉陈显达率军4万人攻魏。魏派元英拒之。陈显达打败元英，攻占马圈城（今河南镇平县南）。陈显达又派兵攻占南乡（今河南浙川）。孝文帝乃亲自出征，三月二十一日到马圈，命荆州刺史广阳王嘉断均口（今湖北均县丹江入汉江之口）以绝齐兵归路。陈显达带兵渡均水西，据山筑城，军心涣散，士无斗志，与魏交战，屡败。魏武卫将军元嵩脱甲冲阵，将士大受鼓舞，争相向前，于是齐军大败。陈显达南逃。魏收齐兵军资数以亿计，赏赐将士，追至汉水而还。

周灭齐·统一北方

建德六年（577）二月，北周灭北齐，统一了北方国土。

北周武帝于建德四年（575）七月，建德五年十月。两次伐齐，占领了北齐重镇晋阳。北齐后主逃归邺都（今河兆磁县南），欲招募士兵，但又不愿出赏，也无诚意感召将士重振军威。周武帝却正相反，以缴北齐珍宝赏赐军士，士气更旺。

北齐武平七年（576）十二月，周武帝领兵攻邺城，北齐后主高纬毫无主见，与群臣面面相觑，束手无策。后主为逃避责任，于北齐承光元年（577）正月一日禅位给8岁的儿子高恒，即幼主，改元承光，高纬自为太上皇帝。三日，北齐太皇太后、太上皇后等由邺都逃往济州；九日，北齐幼主高恒亦领亲信东逃；十九日，北齐太上皇帝高纬亦率百骑东逃。二十日北周军攻克邺城。二十一日，高纬逃到济州，与家小会合后，授意高恒让位给驻守瀛州的任城王高湝，高纬自称无上皇，称高恒为守国天王。接着，高纬全家等南逃青州欲投奔陈，被北周大将尉迟纲追上俘虏。

二月，高湝在信都（今河北冀县）集中四万余兵力，欲图恢复失地，被北周齐王宇文宪击败，高湝被俘。至此，北齐境内所辖地方行台、州、镇，除东雍州（今山西新绛）行台付伏、营州（今辽宁朝阳）刺史高宝宁外，其余全部归于北周，总计得50州，162郡，380县，3332500万户，自此北周统一北方。

周灭齐统一北方，客观上促进了北方各民族融合的历史进程的完成，形成了一个充满活动力的新汉族，为进一步的南北方统一作了准备。

隋对突厥作战

581年到583年间，隋文帝一面利用长孙晟的计策离间突厥各部，一面派兵袭击突厥，在两年中屡屡大破突厥。

581年，突厥佗钵可汗病逝后，突厥各部走向分裂，大罗便、庵逻、摄图、玷厥分立四方，各自称汗。由于沙钵略可汗摄图勇武强大，因此北方各部都归附他。杨坚建隋后对待突厥不再象北周那样优厚，周千金公主又在突厥日夜请沙钵略可汗为周报仇，于是沙钵略以此为借口常常搔扰隋北方边境。隋

隋代牵马胡俑。俑为胡貌胡装，深目高鼻，面带笑意，全身用红、白、黑三色涂绘。姿势作牵马状。制作手法朴拙，表现了西域民族长途行旅的情景。

朝命人修筑长城，驻扎兵力以防备突厥入侵，但收效甚微。

长孙晟曾因送千金公主入突厥而熟悉突厥内部情况和山川地形，于是他便向文帝献离间计。文帝大赞此法甚妙，便派遣使者到达头可汗玷厥那里，封地受赏，其礼遇超过对沙钵略可汗。长孙晟也重赏契丹各部，又劝沙钵略的弟弟处罗侯归顺隋朝，处罗侯与长孙晟原来就有交情，便表示愿意归附。

582年四月十七日，隋大将韩僧寿在鸡头山（今甘肃固原境内），上柱国将军李充也在河北山（今内蒙乌加河一带）大破突厥兵。五月十六日，突厥兵入侵平州，被李光击败。突厥又入侵兰州，被凉州总督贺娄子干击败。到十月，隋朝派太子杨勇屯兵咸阳，十二月又派宰相虞庆则驻兵弘化（今山西沁原），以防备突厥入侵。行军总管达奚长孺率兵2千人与突厥沙钵略可汗10万大军在周（今沁源一带）展开大战。艰苦作战3天后，十之八九的士兵战死疆场，但却使突厥兵的锐气受挫大减。可惜的是，冯昱、叱列长叉、李崇等的部队都被突厥打败，突厥兵长驱直入，挥师南下，武威、天水、金成、上都、延安、弘化等地被突厥攻破，他们一路烧杀抢掠，人畜俱亡。沙钵略很是得意，企图继续带兵南犯，没想到达头可汗不肯服从命令，带着自己的部下从西面撤走。长孙晟又使用反间计，假装成沙钵略的儿子染干说：铁勒等部队反叛沙钵略，打算袭击牙帐。沙钵略害怕后院起火，只好退兵。

到了开皇三年（583年）四月，隋文帝决定反击突厥。他命令卫王杨爽等为行军元帅，分兵8路出塞迎击突厥。李充从朔州道出发，与沙钵略军队在白道展开激战，沙钵略丢盔弃甲仓惶逃走。突厥军队里没有粮食，有许多士兵被饿死。幽州总管阴寿率兵10万从卢龙出发击败高宝宁，收复卢龙周围一带失地，高宝宁被部将杀死。

五月，窦荣定率兵3万与阿波可汗苦战，大胜。长孙晟在沙钵略和阿波之间挑拨是非，使他们产生内部矛盾，劝说阿波与达头联合起来对付沙钵略，阿波言听计从。

583年，隋兵8路出击大获全胜，长孙晟反间计又卓有成效，突厥内部逐渐分化，矛盾不断升级，最后竟发生相互征战的事情。583年五月，沙钵略袭击阿波北牙庭，杀死他的母亲，阿波投靠达头可汗后又率兵杀回，屡战屡胜。后来阿波逐渐强大起来，不断与沙钵略交战。突厥各可汗都想求隋朝帮助以求和好，但隋文帝都视不见，坐山观虎斗，让他们自相残杀，自我削弱，最后收降阿波，逼迫沙钵略寄居白道川，只限他在漠南活动。

隋发兵灭陈

隋开皇八年(588年)，隋发大兵进攻陈国，到589年一月，攻克陈都建康(今南京)，灭陈，统一了全国。

杨坚在建国之初，便为灭掉陈国而作了积极的准备。587年十一月，隋文帝向朝廷百官询问征求灭陈的良策。宰相高颎献策说每年江南收获时节，我们放出风声说将攻打陈，他们必将放弃农时进行驻防，这样他们的粮食得

隋五牙战船。在隋朝的统一战争中，水师起了很大作用。图为隋五牙战船复原模型。

隋代武士俑

不到收获，财力便会日渐困乏。如此再三，他们的防备必将松驰下来，我们便乘机过江攻陈。文帝大赞此计很好。同月，隋文帝下令大造巨型战船，准备进军陈国。杨素在永安（今湖北巴东）造大舰船，高达百余丈，分为五层，号称为"五牙"，可容纳战士800人，另外还有"黄龙"舰及其他小型战船。而隋将梁萧岩率兵投降陈国，成了隋朝进攻的最好借口。

588年十一月二日，隋文帝亲自饯送将士五十一万八千多人进攻陈国。十日，在潼关三十里外的定城陈师誓众，兵分8路大举进攻陈国，拉开了战幕。十二月，隋军南下，杨素乘黄龙舰等数十艘战船临近长江南岸，沿江东下。陈后主得知后不以为然，说什么王气在此，齐兵三来，都无法击败我陈朝！孔范也竟相附和说长江天险，无人可渡。于是陈后主照样寻欢作乐、莺歌燕舞、纵酒作诗。588年，杨坚还诏示陈后主列罪20条，并将诏书发放江南，以扰其民心。进攻陈的隋军东临大海，西接巴蜀，绵延数千里，与陈后主防备松驰，自恃有长江天险成为鲜明对比。

589年一月一日，大雾迷漫长江下游两岸，隋朝吴明总管贺若弼从广陵(今江苏扬州)渡过长江，陈军丝毫没有觉察。同一天，隋将庐州总管韩擒虎率500人从横江(今安徽和县境内)夜渡长江，竟以500人便攻克了重镇采石。一月六日，隋将贺若弼攻克京口(今镇江)，控制了建康下游门户，一月七日，韩擒虎攻克故孰(今当涂)，扼守上游咽喉。随后，两军挺进建康，沿江陈军纷纷溃逃。一月六日，贺若弼军队进占钟山(今南京市内)，韩擒虎也驻扎在新林(今南京市西南)，这样，隋军便形成了对建康的合围之势。晋王杨广派总管杜彦渡江与韩擒虎会合，两军加起来共有两万多人。蕲州总管王世积带领水师从九江出击将陈将纪瑱打败。晋王杨广向隋文帝报捷，文帝大摆宴席以示庆贺。

当时，陈国驻守在建康的还有10多万军队，许多将领请求迎战出击，早日解围。陈后主不许，只知整日整夜哭泣。施文庆也大力阻止陈将出击，形势显得更加紧迫而不利。

待隋军完成了合围建康的布署后，陈后主不听从大将任忠的建议坚守城池，反而轻率决战，命令鲁广达、任忠、肖摩诃等人在钟山布阵，南北长达20里，首尾不相接，进退不相知。一月二十日，两军会战于钟山，贺若弼率领隋军决一死战，最后擒拿了肖摩诃。与此同时，韩擒虎从新林进军，任忠不战自降，引着韩军从朱雀门直入。隋便顺利地攻克了陈都建康。陈国百官都四处逃遁，陈后主仓皇从景阳殿出逃，藏在一口枯井中，被隋兵抓获。高颎进入建康后发现陈叔宝床下那些京口报急的信竟没有开拆！后来，杨广命陈后主下诏令周罗睺等人投降。陈朝灭亡。

陈朝的灭亡，标志着南北朝以来270多年分裂局面的结束，全国走向重新统一。

唐大破东突厥·平定漠南

贞观四年（630年）正月，唐大破东突厥颉利可汗，俘男女牲畜各数十万。

突厥势力最大时在公元六世纪，东至辽海，西达咸海，南抵阿姆河南，北抵贝加尔湖，屡与北朝、隋战争。583年后分为西、东突厥两部。

唐朝武德初年，东突厥处罗可汗入侵唐朝并州，高祖派郑元璹为使劝处罗可汗退兵。后颉利可汗继位，扣留唐使郑元璹，并仗其强大军队和精锐骑兵，听从其妻隋朝义成公主及王世充使者劝说，进兵攻打汾阴、石州，621年四月又派兵骚扰雁门、并州，五月又扰北边，失利西还。622年三月，高祖因中国还未统一，对突厥态度谦恭，派使者送重礼与颉利可汗，对方送回扣留使者郑元璹、李瑰、长孙顺德、及特勒热寒、阿史那德，两国和好。

622年八月，颉利可汗进入唐境雁门关，分兵攻打并州、原州，高祖令太子建成出幽州道、秦王世民从秦州道出击突厥，同时派云州总管李子和赶赴云中，突袭颉利，段德操奔夏州，截断突厥的归路。高祖采纳中书令封德彝建议，先战后和。并州大总管、襄邑王李神符、汾州刺史肖瑀分别在汾东等地败突厥，杀敌5000余人，但突厥来势凶猛，进犯廉州，攻陷大震关（今甘肃清水）。高祖忙派郑元璹为使，往见颉利可汗，可汗退兵，两国复好。

623年十月，颉利可汗又派兵骚扰马邑、原州、朔、渭、幽等州，高满政在马邑杀突厥军万余人，颉利亲率大军攻马邑，高满政被部将所杀。突厥占据马邑，后又归还唐朝，并请和亲，624年七月，颉利可汗又率突厥军进犯原州、陇州。高祖始有迁都之念，秦王世民不同意迁都，极力劝谏。八月，突厥颉利、突利两可汗进犯原州、忻州、并州等地，关中震动，京都长安戒严，接着攻绥州（今陕西绥德），被刺史刘大俱击退。二可汗又率全部军队进犯中原，秦王世民率兵前去抵抗，在豳州（今陕西彬县）五陇阪，双方布阵。此时唐军疲惫，武器受雨，粮道受阻，秦王毅然独骑到突厥阵前，指责颉利同意和亲而今违约，又与突利谈往日结盟之事，离间二可汗关系，同时趁雨夜突袭突厥军，最后致使二可汗意见不统一，颉利不得不派突利与其夹毕特勒阿史那思摩来见秦王，请求和亲，李世民同意并与突厥结为兄弟，突厥撤兵。

625年高祖派张瑾驻石岭，李大亮领军赴大谷，再派秦王往蒲州屯兵防御突厥南侵。八月，又令安州大都督李靖从潞州道出兵，行军总管任环驻屯太行山，以防突厥。突厥军十万余人大掠朔州，败张瑾于太谷，唐军全军覆没，张瑾逃奔李靖，温彦博被俘，囚于阴山。突厥又发兵犯灵武，灵州都督任城王李道宗击退突厥兵。突厥攻绥州后，遣使向唐请和退兵。

626年九月，颉利、突利二可汗合兵十余万人攻占泾州，进至武功，京都长安戒严。突厥军进攻高陵，被泾州道行军总管尉迟敬德击败，杀千余人，并俘其俟斤阿史德乌没啜。颉利又领兵至渭水便桥之北，派亲信执失思力进长安探听消息。太宗指责突厥负盟，囚执失思力于门下省。太宗亲率高士廉、房玄龄等六骑至渭水边，隔岸责颉利负约。继而唐大军赶至，颉利见状，请和，两军桥上结盟，突厥退兵。

627年，颉利政治混乱，各部内乱，薛延陀与回纥、拔野古等部相继叛离，颉利可汗势力更弱，加之又遇大灾，缺粮。颉利可汗又派其侄儿突利可汗前去讨伐回纥、薛延陀。突利大败而归，颉利大怒，囚禁突利，突利遂生怨言。颉利向突利征兵，突利不给，并于628年四月遣使赴唐求援，后突利于629年十二月入朝，太宗命他为右卫大将军，赐爵北平郡王。

629年八月，太宗采纳代州都督张公瑾建议，以颉利可汗与唐结盟又援助叛军梁师都为借口，派大军征讨突厥。同月以兵部尚书李靖为行军总管，张公瑾为副总管，又以关州都督李世勣为通汉道行军总管，李靖为定襄道行军总管，华州刺史柴绍为金河道行军总管，灵州大都督薛万彻为畅武道行军总管，合兵十余万，分道出击突厥。

630年正月，李世勣出兵云中（今山西大同市），在白道（今内蒙呼和浩特西）与突厥激战，败突厥，李靖又在阴山大败颉利可汗。颉利逃至铁山（今阴山北部），遣使请降，欲图积蓄力量来年东山再起。李靖与李世勣二将趁夜袭击颉利，李靖在阴山俘突厥千余帐，杀死突厥万余人，俘虏10万余人；李世勣亦俘五万余人。

颉利可汗投奔苏尼失（颉利同母弟），欲往吐谷浑时被苏尼失抓获。四月被解赴长安。

东突厥被唐灭后，尚有十万余降兵。太宗采纳温彦博建议，安置突厥降兵在幽州到灵州一带。突利故地设置顺、佑、化、长四州都督府；又分颉利故地为六州，设定襄、云中两都督府。加封颉利原旧将。至此东突厥平定，漠南一带尽归唐境。

张柬之发动政变

神龙元年 (705) 正月，张柬之发动政变，推翻武则天。

久视元年 (700) 狄仁杰死前，曾推荐张柬之为宰相。长安四年 (704) 九月姚元之再荐张柬之，称柬之"沉厚有谋、能断人事"，当年十月二十二日，武后任命张柬之为宰相。这年张柬之已 80 岁。

神龙元年 (705) 正月，武后卧病洛阳迎仙宫的长生殿，病情渐重，张柬之等人想乘机诛杀张氏兄弟，拥立太子即位。然而武后宠信二张，只许二张侍

唐代丝织品蹙金绣半臂。在红色织物上以蹙金法用金线边铺边钉而成，色彩艳丽，是研究唐代服饰的实物资料。

立床前，太子、宰相及外臣都不得入内，张柬之等人决定以武力行事。柬之任命杨立琰为右羽林将军，接着又任命司刑少卿桓彦范、中台右丞敬辉及右散骑侍郎李湛为左右羽林将军，统率禁兵。他还争取到忠心报唐的右羽林卫人将军李多祚的支持。张柬之联络好各路人马后，又和宰相崔玄晖、相王府司马袁恕己和敬晖、桓彦范商议政变事宜。恰巧姚玄之从灵武来，柬之又把这件事告诉了他。太子去探视太后的病情时，彦范、晖将恢复唐室的计划密陈太子，得到了太子的同意。

二十二日，柬之、玄晖、彦范与右威卫将军薛思行等率左右羽林兵500多人先到北门（玄武门），派多祚、湛及附马都尉王同皎去东宫迎太子。太子不愿出来，唯恐此事会使武后受到惊吓，且戏戒各位要为自己的将来考虑。李湛说："各位将相都不顾家族来保卫国家，殿下为什么要将我们置于死地？请殿下亲自去平息这件事。"太子知道传位给自己已不可更改，只能出来。于是同皎扶太子上马，联合柬之、玄晖等人从玄武门夺关斩将而入，到迎仙宫，杀张易之、张宗昌于廊檐下，随后进入武后所寝长生殿，请武后顺大人之望，传位给太子。武后耿耿于怀，但已无能为力。李显（即唐中宗）复辟后，以张柬之、袁恕己等为宰相，将武后迁往上阳宫，尊称武后则天大圣皇帝。10个月后，武则天凄凉地死在仙居殿。

安史之乱爆发

天宝十四年（755）十一月，安禄山于范阳起兵反唐，引军南下。

本年四月，杨国忠派兵包围安禄山在京住宅，捕杀其在京门客，以促使安禄山谋反之意暴露。果然，安禄山闻在京门客被杀，谋反日急。六月，李隆基以皇子成婚，手谕安禄山进京观礼，安禄山称疾不至。七月，安禄山上表言献马3000匹，押运兵将竟达6000多人。河南尹达奚珣怀疑安禄山将藉此叛乱，奏请火速下诏，禁安禄山兵马入京。

　　至十月，安禄山召集部将，说："现有密旨，令我率军入朝诛杨国忠，众将随我前行。"众将愕然相顾，莫敢异言。本月，安禄山发所部兵及同罗、奚、契丹、室韦兵，计15万，号称20万，反于范阳。命范阳节度副使贾循守范阳，平卢节度副使吕知海守平卢，别将高秀岩守大同，三将率兵乘夜出发，各赴所守之城。第二日，安禄山大阅誓众，并在军中传令：有异议煽动军人者，斩及三族。然后引军向南。安禄山乘铁举而行，步骑精锐，烟尘千里，鼓噪震地。由于承平日久，百姓不谈兵革，猝闻范阳起兵，远近震骇。

　　河北（辖境相当于今北京、天津、河北省、辽宁省大部、河南和山东古黄河以北地区）为安禄山辖区，叛军一路而行，各州县望风瓦解。安禄山一身兼任三镇节度使，早就预谋反唐叛乱，只是因为玄宗待之有恩，所以想等玄宗死后作乱。杨国忠与安禄山交恶，屡次在玄宗面前言禄山有反心，玄宗不听。

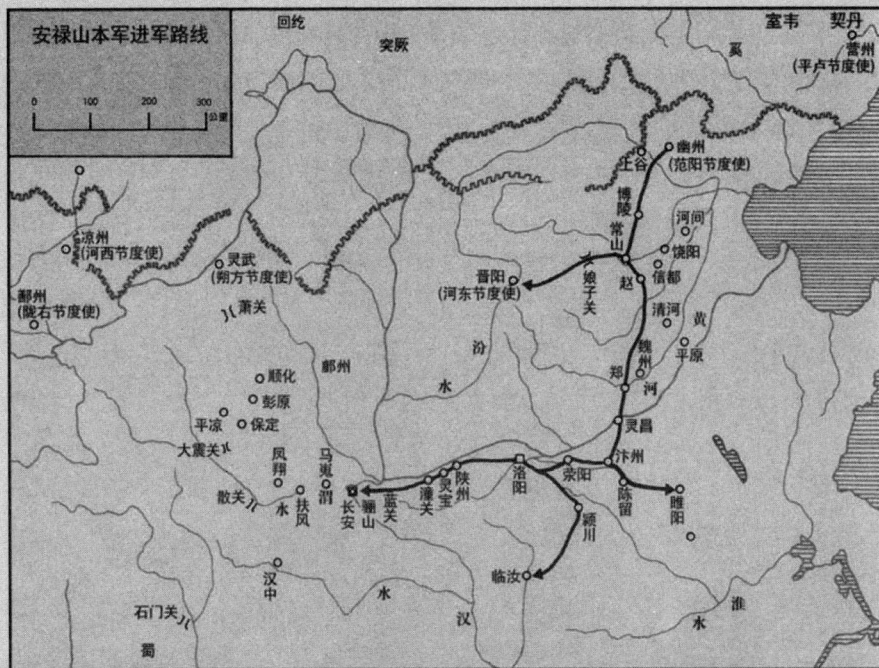

安禄山叛军进军路线图

　　李隆基急召朝臣计议。并命特进华思琛至洛阳、金吾将军程千里至太原，各募兵数万人抵拒叛军。命安西节度使封常清为范阳、平卢节度使，火速募兵，以拒叛军。又令郭子仪为朔方节度使，王承业为太原尹；同时，令置河南节度使，以张介然任之，领陈留等13郡。令各就其位，阻遏叛军。又以荣王琬为元帅，高仙芝为副元帅，出内府钱帛，于京师募兵11万，号天武军，东征安禄山。

　　在本月底，唐官军与叛军开始接战。但唐官军多为临时召募而来，毫无战斗力，与叛军一触即溃。下月，安禄山大军自灵昌渡河，继而攻占灵昌。随后攻占陈留，斩至陈留仅数日的张介然及降卒万人；留李庭望驻守，大军继续南下。不久抵荥阳。荥阳又陷，叛军距京师已仅1105里。安禄山杀荥阳太守崔无陂，令武令珣驻守，大军再南下，攻逼东都洛阳。唐官军封常清部与叛军数次激战，均大败。洛阳陷，封常清率残兵破城墙而逃，与高仙芝会合。二人担心叛军破潼关攻长安，率军急速赶至潼关固守，但因奸人谗言，封、高二人以讨逆无功被斩，其大军不久由哥舒翰统领。李隆基令哥舒翰统各路官军收复洛阳，安禄山闻之，亲率大军往攻潼关。至新安，闻河北有变，遂赶回救援。

　　在河北已成为安禄山的后方时，河北各郡勤王军蜂起。平原（今山东德州）太守颜真卿召募勇士1万人，举兵讨逆。与此同时，清池尉贾载、盐山尉穆宁与长史李晹杀安禄山所委官吏起兵。不久，饶阳太守卢全城、河间司法李奂等也起兵，各拥兵万余。众公推颜真卿为盟主，联合作战，以讨叛军。颜杲卿（颜真卿从兄）为常山太守，与参军冯虔、藁城尉崔安石等人联合起兵，用计捕杀安禄山大将李钦凑、高邈、何千年。同时遣人策动各郡起兵响应。于是，诸郡蜂拥而起，17郡皆归朝廷，合兵20万，只余范阳、卢龙、密云、渔阳、汲、邺6部仍归安禄山。河北诸郡的讨叛战争有力牵制了安禄山的军事力量，使唐正面讨叛军稍有喘息之机。

唐玄宗奔蜀·诸杨死于马嵬驿

天宝十五年（756）六月，潼关失守，哥舒翰叛降，长安大乱，唐玄宗与贵妃姐妹、皇子、皇妃、皇孙、杨国忠、韦见素等仓惶奔蜀，军至马嵬驿时发生兵变，杨国忠被杀，杨贵妃亦被缢死。

六月十四日，玄宗与随从逃至马嵬驿（今陕西兴平西），禁军将士因饥饿疲劳，皆愤怒。军士杀死杨国忠，并杀其子户部侍郎杨暄及韩国、秦国夫人。这时御史大夫魏方进说：你们怎么敢杀宰相？军士又杀之。韦见素闻乱而出，为乱兵所挝，脑血流地。士卒们包围驿站，玄宗听见喧哗之声，问以何事，左右人说是杨国忠反。玄宗遂杖屦出驿门，慰劳军士，令整队，军士不答应。玄宗又使高力士问之，陈玄礼回答说："国忠谋反被诛，贵妃不宜供奉，希望陛下割恩正法。"玄宗说："我自会处置。"入门后，倚仗倾首而立。过了一会，京兆司录韦谔上前进言说："现在众怒犯，危在旦夕，愿陛下速决。"并叩头流血。玄宗说："贵妃常居深宫中，怎么能知国忠谋反之事呢？"高力士回答说："贵妃是无罪，但禁军将士已杀国忠，贵妃在陛下左右，将士心不自安，愿陛下三思，禁军将士安则陛下安。"于是玄宗命高力士引贵妃至佛堂，缢杀之。然后与尸体置于驿庭，召陈玄礼等人入看。玄礼看后才免胄释甲，顿首请罪，玄宗慰劳之，令告谕军士。玄礼等皆呼万岁，再拜而出，于是整顿部队准备继续行走。

马嵬驿之变后，李隆基欲再西行，父老拦路请留。李隆基遂分后军3000人给太子，令太子破逆贼，复长安。此后，太子北进至灵武（今宁夏灵武西南），李隆基南入成都。

黄巢攻入长安即帝位

　　唐朝末年王仙芝、黄巢领导的农民起义历时九年之久，转战大半个中国，沉重打击了唐朝的统治基础。881年黄巢率起义军攻入长安，黄巢在长安称帝，建立了大齐政权。882年起义失败，黄巢自杀。

　　唐懿宗时期，统治集团日趋腐败，苛捐杂税加重了人民的负担，社会矛盾空前激化，加之连年灾荒，农民纷纷逃亡起义。乾符二年（875）王仙芝在长垣发动起义，自称"天补平均大将军"，黄巢率众响应，五月，王仙芝在黄梅战死，其余部报奔黄巢。众推黄巢为黄王，号冲天大将军。黄巢挥师北

黄巢入长安图

上，攻克沂州、濮州，南下攻越州，又转战福建，乾符六年九月攻克广州，兵士达十万人。黄巢发布文告，痛斥唐朝统治者的腐败行径，号召贫苦农民起来推翻唐朝黑暗统治，百姓纷纷响应。乾符六年冬，黄巢再度率军北伐，自桂州出发，沿湘江北上，连攻下潭州等地，各地藩镇惶恐不安，不敢出战。十一月，起义军突破长江占领东都。接着又突破潼关唐军防线，又占领华州，黄巢命部将留守，自己率军直攻长安，唐僖宗带领少数嫔妃官吏在田令孜所率的500神策军的护拥下仓惶逃往成都。同日，黄巢军前锋将紫存进入长安。唐金吾大将军张直方率文武百官迎接黄巢入长安。黄巢金装肩舆，率军浩浩荡荡地进入长安居民，又杀了留在长安的唐室遗族。

881年12月13日，黄巢在长安称帝，国号大齐，改年号金统。启用唐四品以下官员，罢免三品以上唐官员，处死一批拒降的唐高级将领官员，没收地主财物。任命尚让为太尉兼中书令，赵璋兼待中，唐降将崔璆、杨希古为宰相，孟楷为左右仆射，但黄巢政权没有提出明确的经济纲领，没有抓生产建设，也没有乘胜追击唐朝的残余军队，给了敌人以喘息的机会，加上巢将朱温叛变。在陈州等几次战役中黄巢军连连失利。

梁晋为天雄兴兵

天雄军素驻魏博，自田承嗣以来，兵力日盛。杨师厚就任天雄节度使后，又仿效唐末河北牙兵之制，重建"银枪效节都"，天雄之兵，银光铁朔，益见精练。梁恐其强大不能制，早存顾虑之心。

915年3月，杨师厚卒，魏博一时无帅。梁末帝朱友贞认为时机难得，意欲分而治之，断精悍将难制驭之虑，于是魏博版图一分为二，南北分治。但魏兵父子相承，族姻盘结，不愿分徙。三月初五，魏州军乱，劫持新任天雄节度使贺德伦求援于晋，晋王李存勖闻讯大喜，白白捡到了天雄奇兵。梁帝大怒，发兵质询，晋不甘示弱，于是梁晋开始为天雄兴兵。

两军先在莘县挑起了战火。当时，晋王李存勖与梁将刘鄩相峙于黄河北岸，刘鄩欲偷袭晋阳、临清，均因天时不助未逞，遂移师莘县。晋军尾随而至，两军隔水相望，一时倒也相安无事。而梁末帝见刘鄩坐吃山空，极为不满，一再催促。第二年二月，晋王假装回师晋阳，刘鄩迫不及待，举兵追来，晋将李存审以逸待劳，早有所备，大败梁军，刘鄩撤军之际，晋王返回，与存审兵前后夹击，梁军溃不成形，折阵七万人。两军鏖战之时，梁末帝又遣兵

五代赵岩《八达春游图》。赵岩，梁太祖女婿。

三万，突袭晋阳，兵败。梁军败报频传，军心动摇。916年4月，捉生都指挥李霸带兵作反，幸杜晏球以五百骑击之，连夜平复了近千人的李霸禁军之乱。

然而此时梁军早已江河日下，不堪一击。晋军连胜之下，士气更振，人人向前，个个争先，连下卫州、惠州、洺州、邢州、相州、沧州等城，势如破竹。梁河北州县尽入晋图版。以后双方又互有攻守，历时八年。

五代赵岩《调马图》。马夫深目高鼻，属西域人形象。

南唐灭闽

南唐保大三年，闽天德二年（944）八月，南唐攻克建州，王延政投降，闽亡。

前一年，闽拱宸都指挥使朱文进、阎门使连重遇杀死闽景帝王曦后，朱文进于福州自称闽王。然而朱氏政权并未能赢得支持，全国政局动荡不安，部下投靠殷国王延政甚多，同时王延政又乘机进逼福州。同年十二月，朱文进被小吏林仁翰所杀，福州尽归王延政所有。次年正月，王延政改原国号殷为闽，仍建都在建州，改福州为南都。

闽国自王曦、王延政兄弟先后称帝，该国一分为二，相互攻伐，已耗损惨重。前一年底，南唐翰林待诏臧循、枢密副使查文徽了解到闽地又政治动乱，便策划乘机夺取建州。南唐中主李璟命查文徽视情况而定。查文徽等到信州（今江西上饶）进行活动，调查到确凿情报后回报李璟说，只要出兵就一定能取胜。于是南唐派边镐领兵跟从查文徽去伐殷。查文徽等率大军到建阳南时，得知闽国的汀、泉、漳三州均已投降殷国，且殷将张汉卿率兵即将到来，于是决定退守建阳。不久，臧循的军队被殷军击败于邵武，臧循被俘后在福州处斩。同年二月，查文徽请求李璟派兵增援，后唐于是又派何敬洙率千人助战攻打建州。此时殷国王延政已统一闽地，仍号闽，并派杨思恭、陈望等率领万余名兵马迎敌，双方对峙了10几天不战。杨思恭轻敌，不听陈望意见，并强迫他出击，结果为南唐军所败，陈望战死。王延政一面据守建州，一面从泉州调兵增援，但泉州援军亦为南唐军击败。至七月，南唐边镐攻下镡州，王延政只得奉表向吴越称臣，恳求吴越出兵。然而到八月，南唐在困城近半年后，终于破城。

王氏自唐末据有福建以来，至此终于为南唐所亡。但南唐军队却在此地烧杀大掠一番后建置了永安军，闽人本指望通过迎接南唐军来改变困境的希望随之落空。

宋灭南唐·李煜去世

宋开宝八年（975）十一月，宋将曹彬攻破江宁，南唐后主李煜率臣僚出降，割据江南的南唐政权被攻灭。

宋平定南汉后，南唐后主李煜为维护其统治，主动改国号为"江南"，减损编制，对宋称臣。而暗中却招兵买马，积蓄势力，积极备战。宋太祖早有所察觉。开宝七年九月，宋太祖派曹彬等率兵赴荆南，准备伐南唐，因师出无名，命人招李煜入朝。李煜便称病不去。

宋以李煜拒命不朝为借口，发兵分路进攻南唐。南唐军队不战自溃，主将朱令斌慌忙间投火自尽。

李煜陷身孤城，又无援兵，只得再派徐铉、周惟简出使汴京，向宋求和。宋太祖在便殿召见了使者，徐铉道："李煜因病不朝，不是敢违抗圣旨，请罢兵以拯救一邦之命。"太祖道："朕已晓谕将帅，不得妄杀一人。"徐铉还要辩解，太祖大怒，拔剑道："休要多言！江南有什么大罪，但天下一家，卧榻之侧，岂容他人鼾睡！"徐铉慌忙退下。太祖又责问周惟简，周惟简道："臣本隐居山野，不愿奔波仕途，李煜硬逼臣来。"太祖遂厚赐二人，遣归江南。

宋军攻陷了江南诸州，唯剩江宁一座孤城，曹彬几次派人督促李煜出降，李煜为左右所惑，犹豫不决。后来大军攻入城中，曹彬将李煜及一批南唐重臣四十余人押回汴京。南唐政权结束。

太平兴国三年（978），做了三年阶下之囚的南唐后主李煜心怀故国，忧愤而死，年仅42岁。

辽宋军大战于高梁河和满城

太平兴国四年（979），宋太宗平定北汉之后，转兵攻辽，企图乘辽不备，将石敬瑭割让给辽的幽云十六州一举攻取。

六月，宋太宗亲率数十万大军，自镇州北上攻辽。辽急派北院大王耶律奚底统军来战，宋军在沙河与辽军接战。辽军大败，宋军乘胜追击，一直打到幽州城下。幽州即今北京，当时为辽南京都府。宋军围住幽州城，暗中挖掘地道，又四面猛攻，但都被辽军击退。宋太宗无法，只得屯兵于坚城之下。辽景宗耶律贤得知幽州被围，急命宰相耶律沙与耶律休哥率援兵来救。辽宰相耶律沙率援军先到，与宋军战于高梁河畔，被宋军击败。

当晚，耶律休哥率后军抄小道赶到，立即与耶律沙及辽南院大王耶律斜轸合军一处，分成左右两翼。辽军汇合之后，力量甚强，分左右夹击宋军，宋军疲于应付。辽幽州守军听到援军到了，也大开城门，率队出击。宋军三面受敌，顿时大乱，溃不成军，万余人战死。宋太宗中了流矢，坐上一辆驴车向南奔逃。耶律休哥率精锐骑兵乘胜追击，一直追到涿州城下，缴获兵仗、符印、粮食、货币多得不可计数。

高梁河之战后，宋军被迫退守瓦桥关南、定州、镇州一带。辽景宗为报围燕之仇，于太平兴国九年（984）四月派兵南下，进攻宋朝。

辽燕王韩匡嗣统率耶律沙、耶律休哥等各部10万大军，南下攻宋。一路挥师直进，到达满城西，集结兵力，准备向镇州发动进攻。宋镇州守将刘延翰在徐河设阵待敌，此外，瓦桥关南守将崔彦进率兵在辽军侧背秘密迂回，以图夹击。定州、镇州两

宋军中下属军官佩带的铜牌，用来表明身份。

铜印，用来控制军队、处理
公务。

宋太宗时"神卫左第四军第
二指挥第五都记"

军守将都率部到达满城，按照太宗所授阵图，将军士列为8阵，准备迎战。

　　辽军大举进攻，宋将登高而望，见辽兵漫山遍野，潮水般卷来。欲按太宗所授图布阵，阵相距不到百步，将士都疑心重重，斗志松懈。镇州都监李继隆见状，主张变阵图，改8阵为2阵，得到诸将的支持。宋军略施一计，派使到辽营诈降。辽大将耶律休哥认为宋军严整有序，并非真降，劝燕王严兵以待。韩匡嗣不听。宋军乘机从三面向辽军发起攻势，韩匡嗣猝不及防，全军溃乱，纷纷回逃。宋军乘胜追击，斩首万余，获马匹上千，得到兵器、羊畜等不计其数。辽景宗大怒，列举了韩匡嗣五条罪状，从重发落。满城之战，宋军获全胜。

宋夏交战

三川口之战后，宋仁宗以夏竦为陕西经略安抚使，韩琦、范仲淹为副使，共同负责对夏事务。庆历元年（1041）、夏天授礼法延祚四年二月，元昊率兵10万，自天都正南下攻宋，以主力设伏于好水川口，另一部分兵力则至怀远城（今宁夏西吉东），声言攻渭州（今甘肃平凉），诱宋军深入。韩琦命环庆副都署任福率兵数万，自镇戎军（宁夏固原）抵羊隆城（今宁夏固原西南），出夏之后，伺机破敌。任福率军至怀远，遇镇戎军西路都巡检常鼎与夏军战于张义堡南，斩首数百。夏军佯败，任福等中计，尾随追击。宋军由于长途追击，粮草不继，人马已乏食3日。追至好水川口，遭夏军主力伏击，宋军大败，任福等皆战死。此役，宋军死者万余人。

庆历二年（1042），夏天授礼法延祚五年九月，元昊与张元等人商议进攻宋朝，张元认为，宋朝的精兵良将都聚集在边境地区，因而宋朝关中地区军事力量相当薄弱，如果西夏派遣大军牵制宋朝边境地区的军队，使他们无暇顾及关中地区，然后即可派一支劲旅乘机直捣关中地区，攻占长安（今陕西西安）。元昊采纳了张元的建议，派遣10万大军分两路向宋朝展开大规模攻击，一路从刘璠堡（今宁夏隆德县境）出击，一路从彭阳城（今宁夏固原东南）出发向渭州（今甘肃平凉）发动进攻。宋将王沿急忙派遣葛怀敏等将领率军增援刘璠堡，宋军在定川寨（今宁夏固原西北）陷入夏军重围，宋军大败，葛怀敏等15名将领战死，宋军近万人几乎全军覆没。但西夏另一路军队遇到了宋朝原州（今甘肃镇原）知州景泰的顽强阻击，西夏士兵死伤千余人，元昊直捣关中的美梦就此破灭。

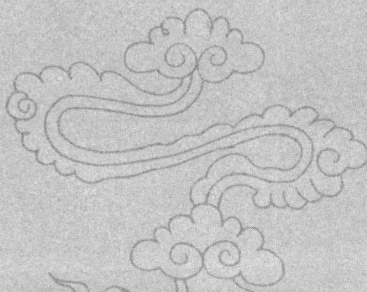

辽兴宗二征西夏

辽重熙十八年（1049）六月，辽兴宗第二次亲征西夏。

辽兴宗第一次亲征西夏失败后，决心重振旗鼓，再与西夏决一雌雄。重熙十八年（1049）六月，辽兴宗任命韩国王萧惠为河南行军都统、赵王萧孝友、汉王贴不为副都统，举兵攻打西夏。辽军兵分3路，萧惠所率的大军从黄河以南地区发起攻击，且迅速推进到西夏本土。西夏军难以抵挡，节节败退，因而滋长了萧惠骄傲轻敌的情绪。九月，西夏主谅祚率西夏大军突然蜂拥而至，萧惠的军队措手不及，被动挨打，死伤无数。萧惠等拼命逃回辽朝，辽南路军惨败。萧惠兵败后，辽兴宗率领的中路军虽然在同年八月渡过黄河，大败西夏军队，至此也被迫退守辽朝本土。唯独北道行军都统耶律敌鲁古率领阻卜（今蒙古人民共和国乌兰巴托南）部落军队到达贺兰山以后，与统军都监萧慈氏奴率领少数民族兵马从北路直取凉州（今甘肃武威），与西夏守军发生激战，辽军大胜，俘虏了元昊的妻子和西夏其他官僚的家属。西夏大军前来增援，切断辽军归路，辽军数次突围都被西夏军队打退，结果萧慈氏奴与辽军大将耶律斡里战死。至此，辽兴宗第二次亲征西夏宣告失败。其后，西夏多次入侵辽朝，均被击退。至同年十月，辽夏议和，谅祚亲派使臣向辽朝纳贡，依旧称臣。

辽墓壁画《驭者引马》，描绘一引马驭者敬候主人出行的情景。

阿骨打建金反辽

辽天庆三年（1113）十二月，女真联盟长乌雅束死，其弟阿骨打嗣位，称都勃极烈。

女真族长期生活在中国东北地区"白山黑水"（今长白山，黑龙江流域）一带。战国时期被称作"肃慎"，后来名称几经变化，在辽朝统治下，确定其名称为"女真"。

辽初，生女真有 72 个部落，过着游牧打猎生活。后来，其中的完颜部强大起来，乌古乃为首领时，使诸部归附于完颜部。今年，乌雅束死，其弟阿骨打继位，阿骨打承前代富庶之余，兵强马壮，在他的领导下，女真族的历史进入一个崭新的发展阶段。

辽天庆四年（1114）九月完颜阿骨打（金太祖）起兵反辽。

耶律延禧（天祚帝）即位之后，契丹贵族对于生女真的压榨勒索愈来愈严重。并且经常对女真人加以侮辱，称为"打女真"。

本年七月，完颜阿骨打集诸部辖兵 2500 人，发动了反辽的战争。

十月，首先攻下辽朝东北边防重镇宁江州，又败辽兵于河店，所向无敌。

金收国元年（1115）正月，在反辽战争的胜利进军中，完颜阿骨打（金太祖）建立金国。

宋陵石雕

岳飞等平乱

宋绍兴元年（1131），宋廷命神武右军都统制张俊为江南招讨使、岳飞为副使，负责平定李成乱军。年初，张俊大军到达豫章（今江西南昌），李成乱军驻扎在江州（今江西九江）。张俊先集中兵力，三月初收复筠州，三月底又收复江州，李成败逃至蕲州（今湖北蕲春）。五月，张俊、岳飞大军追到蕲州黄梅县（今湖北），乱军大败，李成投降了伪齐。

绍兴元年五月，舒、蕲镇抚使兼知蕲州（今湖北蕲春）张用招纳流民，公开与宋朝庭对抗。同月，张用率乱军南下江西掠扰。当时岳飞正驻兵于江西，他与张用同是相州汤阴（今河南汤阴）老乡，于是岳飞写信给张用进行招降，张用随后便向岳飞投降，部众被整编为宋朝正规军队。由此，江淮乱军被平定。张俊奏捷朝廷，并称岳飞军功最大，于是皇帝将岳飞官职晋升为右军都统制。

绍兴二年正月，福建起义军首领范汝为攻入建州，韩世忠率步兵三万人破城，范汝为自焚而死。建州之乱由是被平定。

绍兴二年二月，宋廷命岳飞权知潭州兼荆湖东路安抚都总管，讨伐、招安乱军曹成。闰四月，岳家军连败曹成乱军于贺州莫邪关、桂岭关，俘其勇将杨再兴。曹成逃奔连州（今广东连县）。岳飞命张宪追击。曹成败军再逃，后于五月为进驻豫章（今江西南昌）的韩世忠大军所败，乃率众投降韩世忠。

绍兴三年六月，宋高宗派岳飞赴虔州（今江西赣州）平定起义军彭友之乱。岳飞率大军至虔州，彭友率众在于都迎战。岳飞在马上活捉了彭友，余众均降官军。从前，隆祐太后曾在虔州受惊，高宗因此密令岳飞屠城。但是，岳飞请求只诛首恶、赦免民众，高宗答应了。虔州百姓感谢岳飞爱民、为民请命，于是绘像、设祠堂祭祀岳飞。

绍兴三年八月，高宗命岳飞赴临安面圣，岳飞乃携长子岳云于九月九日至临安，13日高宗召见岳飞，并赏赐金带器甲、战袍戎器，另特赐锦旗一面，上绣高宗手书"精忠岳飞"四字。此后，"精忠"成为岳家军的灵魂与象征。同月，高宗又任命岳飞为江西、舒、蕲州制置使，所部也由神武副军改称为神武后军，防区跨长江两岸，自舒州至蕲州，联结中原腹地。十二月又令李横、翟琮、董先、李道、朱皋等抗金部队听从岳飞调遣。从此，岳飞成为与刘光世、韩世忠等相提并论的宋军主将。

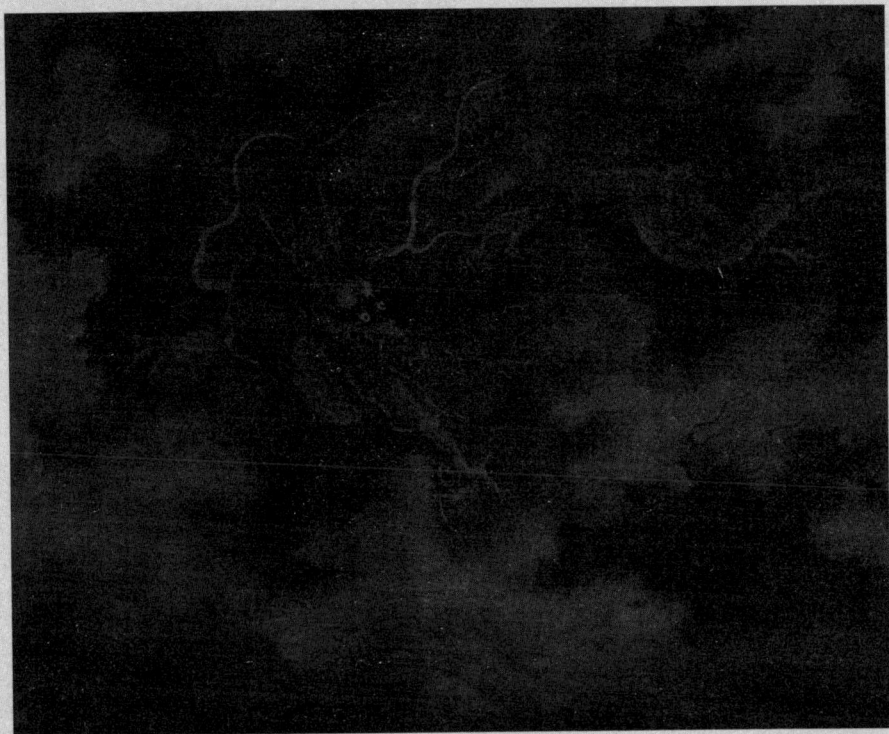

南宋《墨龙图》，陈容画。

韩世忠大破金兵

宋绍兴四年（1134）十月，韩世忠大军到扬州，韩世忠令部将统制解元率部镇守承州（今江苏高邮），防御来犯的金国军队。韩世忠又率骑兵驻防于大仪（今江苏扬州西北），这时恰逢宋国使臣魏良臣出使金国路过此地。韩世忠于是把部队所用炊具全部撤去，诈称有诏令要把军队移防于平江（今江苏苏州）。魏良臣北去之后，韩世忠立即在大仪镇布下重兵，布成五阵，设伏二十余处，并约定以鼓声为号向敌军发起攻击。魏良臣到达金国后，金军前将军聂儿孛堇向其打听宋军情况，魏良臣把所见到的告诉了他。聂兀孛堇于是率部来到江口，其将挞不野则率骑兵经过宋军五阵的东部。宋军伏兵四起，亲兵精锐背嵬军各持长斧，上砍人胸，下砍马足，金兵大败。挞不野等两百余人被俘。韩世忠又派部将董旼在天水（今安徽炳辉）鸦口桥一带伏

《中兴四将图》，刘松年画，绘南宋初将领刘光世、韩世忠、张浚、岳飞（从右至左）。

宋代政和银锭

击金军。统制解元亦在承州北门与金军激战，宋军成闵率骑兵前来增援，最后杀敌百余人，俘获甚众。韩世忠又亲率军队追击金兵一直到淮水（今安徽凤阳北），金军惊溃，死者甚众。当时舆论认为此次大捷为中兴武功第一。

同年十二月，金军因粮尽及金太宗生病而退兵。淮甸一派残敝景象，朝廷上下均视之为畏途，唯有韩世忠愿意领兵前往。于是次年三月，韩世忠携夫人梁红玉，率大军自镇江出发，全师过江，进驻楚州（今江苏淮安）。夫妇二人身先士卒，披荆棘，立军府；抚集流散之民，通商惠工；打击金兵。此地后来成为苏北重镇。

绍兴六年二月，张浚命京东宣抚使韩世忠从承、楚二州出发攻打淮阳（今江苏邳县西南）。韩世忠领命围住淮阳，敌我双方相持不下。刘猊及金兀术率金援军先后到达淮阳，宋军兵力不足，韩世忠于是向江东宣抚使张俊求救，张俊不肯发救兵，韩世忠只好退守楚州（今江苏淮安），途中又遭遇金军，宋军将其击退。同时淮阳民众跟随韩世忠南归的人有上万。四月初，因淮阳之役高宗赐韩世忠号扬武翊远功臣。

蒙古军六征西夏·西夏灭亡

太祖元年（1206）三月，成吉思汗于蒙古建国后第一次率军攻入西夏，掠走大量牲畜，从此拉开了灭除割据西北近两个世纪的西夏的序幕。

太祖二年（1207）秋，成吉思汗以西夏不纳贡称臣为理由出征西夏，攻至斡罗孩城（兀剌海城），遭到西夏军抵抗，不敢深入腹地，乃于次年春退回。

太祖四年（1209）秋，成吉思汗再征西夏。西夏太子承桢、大都督府令公高逸率军五万抗击而失败，高逸被俘处死。蒙古军进攻西夏首都中兴府（今宁夏银川）外要塞克夷门，与率五万西夏军拒敌的嵬名令公相持两个月。后蒙古设伏擒嵬名令公遂攻克夷门，进而引河水灌城，却因外堤决口而浸了自己，只好撤回议和。西夏承诺纳贡，送公主和亲，之后多次助蒙攻金。

太祖十三年（1218），成吉思汗复以西夏拒绝发兵随蒙军西征为借口，遣军攻入西夏，包围中兴府，逼使西夏国主神宗李遵顼逃命西凉（今甘肃武威），并派使者请降，蒙军才退走。

太祖十九年（1224）秋，成吉思汗以西夏私与金朝议和而派木华黎之子孛鲁率大军入侵西夏，俘大将塔海。

太祖二十年（1225）年，成吉思汗从西域返蒙古，次年又以西夏曾纳任人亦剌合·桑昆和不遣质子而亲率大军侵西夏。自此攻城掠地，连战皆捷。

西夏木缘塔，内装骨灰，外写梵文咒语。

二十二年（1227）正月，成吉思汗分兵围困中兴府，自己则率军进攻金朝。六月，西夏末帝李睍派人议降，请求宽限一月献城。七月，成吉思汗于清水（今甘肃清水）病逝。蒙军遵照他的临终嘱咐，秘不发丧，以防生变。三日后，李睍出降，西夏灭亡。

蒙古西征

成吉思汗西征时，哲别、速不台统率的一支蒙古军曾在阿里吉河击溃斡罗思诸侯和钦察人的联军，但没有征服全部的钦察人，更没有征服斡罗思。窝阔台即位不久，就曾派阔客歹、雪你台等串军西征钦察（游牧于今乌拉尔河至黑海以北的突厥部落）和不里阿耳（定居于卡玛河流域的农业部族），虽取得了一些胜利，但并未征服其国。

太宗七年（1235）夏，窝阔台召集忽里台大会，决定遵守成吉思汗遗训，开拓疆土。窝阔台决定由各支宗王的长子或长孙领兵西征，万户以下各级那颜也遣长子以征。参加西征的有：术赤之子拔都、斡鲁答、别儿哥、昔班；察合台之子拜答儿、长孙不里；窝阔台之子贵由、合丹、孙海都；拖雷之子蒙哥、拨绰；以及成吉思汗庶子阔列坚等。以术赤王位继承者拔都为统帅，统领全军，以大将速不台为先锋。

太宗八年（1236）春，速不台率十五万蒙古军从草原本部出发。秋，抵达不里阿耳，与已先到达的拔都会合。速不台攻破不里阿耳，焚城，蒙古军攻入钦察，班都察归降，另一钦察首领八赤蛮被擒杀。

太宗九年（1237）秋，拔都决定进兵瞬罗斯。冬，蒙古军攻陷也烈赞城（今苏联梁赞附近）。十年（1238）初，连破莫斯科等城，进围公国首府弗拉基米尔，五日后破城，并在昔边河（即昔赤河）畔围歼大公。拔都军南下攻入钦察西部草原，钦察部长忽滩率众逃入马札儿境。

十一年（1239），蒙哥、贵由攻入阿建国，破都城蔑怯思，国王抗忽思降。

十二年（1240）秋，窝阔台召贵由、蒙哥东归，留拔都继续征讨。拔都亲串军取乞瓦（今苏联基辅），后攻入伽里赤国，攻破弗拉基米尔——沃伦。

到此时，斡罗斯诸国基本被蒙古征服。1241年春，拔都、速不台串军进攻马札儿，拜答儿、兀良合台率军攻孛烈儿。在尼格里茨，拜答儿军大败孛烈儿和捏速思（即德意志）联军，后南下与拔都在马扎儿会合。蒙古军主力进入马扎儿，大败其怯怜（国王）的军队，进拔佩斯城（今匈牙利布达佩斯）。十二月，蒙军过秃纳河（多瑙河），攻陷格兰大城。拔都遣亲王合丹追马札儿王别速到亚得里亚海边。

1242年冬，窝阔台死讯传到军中，拔都于是率军东返。1243年春，到达也的里河（今苏联伏尔加河）营帐。拔都在这次西征基础上，在也的里河下游建萨莱城（今苏联俄罗斯阿斯特拉罕附近），作为国都，正式建立钦察汗国，命归附蒙古的斡罗斯贵族担任各公国长官，实施对该地区的统治。

这次西征以1235年二月开始，到1242年冬结束，因窝阔台命各系宗王居长者统兵西征，万户以下各级那颜长子从征，所以历史上称为"长子西征"。

伯颜大军渡江灭宋

至元十二年（1275），伯颜大军渡过长江，至元十三年（1276）南宋灭亡。

至元十一年（1274）正月，阿术、阿里海牙等将领建议派兵大举攻宋，元世祖忽必烈看到时机成熟，于是召集大臣商议，决定派伯颜率军南下，直捣临安，对南宋实施毁灭性打击。为了这次进攻能达到预期效果，忽必烈还特别下令，让中书省从别处抽调10万精兵，精选5万匹战马，用来补充南线元军。接着，忽必烈发布了征宋诏书，伯颜统率大军从襄阳南下，向南宋发动了攻势。

襄樊重镇早在至元十年（1273）就被元军攻破，宋军防线出现缺口，伯颜所率大军从襄阳分路南下，几乎没有遇到任何抵抗，元军绕过南宋重兵驻守的郢州，直达长江北岸。至元十二年（1275）正月，元军渡过长江，强攻鄂州，

只 3 天就将鄂州占领，宋军闻风撤退，毫无斗志。伯颜让阿里海牙统兵 40000
镇守鄂州，自己率大军乘胜沿长江向东推进。元军跟宋军进行了一系列激烈
的会战，南宋的城池接连陷落，宋朝廷十分恐慌。同年二月，权臣贾似道派
使者到伯颜军中求和，遭到伯颜拒绝。于是，贾似道亲自率领宋军迎战，两
军在丁家洲大战。宋军遭到元军大炮轰击，惊慌失措，溃败逃窜。元军乘机
掩杀，宋军水陆主力几乎丧失殆尽。宋廷上下更不稳定。

　　丁家洲大战之后，忽必烈召伯颜北上，当面传授继续用兵的方案，决定
由伯颜率主力攻临安，阿术分军攻扬州，阿里海牙、宋都䚟分别进攻湖南、江西。
在元军的强大攻势下，南宋各地官吏丢印弃城、京师官员离职逃跑的现象日
益普遍，南宋朝廷毫无办法。元军向临安一天天逼近。同年十一月，元军攻
破了临安门户独松关，宋廷一片混乱，官员们都忙着处理后事。十二月，南
宋又派使者到无锡去请求伯颜退兵讲和。但也是徒劳无益。元军一直开到皋
亭山（今杭州东北），前锋到了临安的北关。文天祥、张世杰请求皇室和官
员坐船下海，被陈宜中拒绝。接着，谢太后派监察御史杨应奎向伯颜呈交传
国玉玺和降表，请求投降。伯颜接受，并召陈宜中商议投降事宜。陈宜中以
为伯颜要将他除去，当晚逃到温州。谢太后只得派文天祥等人到元军营中接洽。
文天祥还想保全宋王室，对伯颜说："北朝如果想要宋做属国，全军撤回才
是上策，要是想把宋灭了，元军取胜也非易事。"伯颜看到文天祥举止不凡，
便将他扣留下来。至元十三年（1276）三月，伯颜进入临安，宣布受降诏书，
然后将恭帝、皇太后、福王与芮等人押送到大都。南宋王朝至此名存实亡。

元军东征日本失败

至元十一年（1274）和至元十八年（1281），忽必烈两次发兵东征日本，均失败而归。

高丽臣附元朝后，东夷之国只有日本不受元朝控制。忽必烈几次派使节到日本，要求两国通使，日本都不买帐。至元十一年（1274）三月，忽必烈因为日本拒绝通使，决定发动战争，用武力去征服，派屯驻在高丽的忻都率领蒙古、汉、高丽混编的军队25000人东征日本。元军在日本登陆后，大肆抢掠，日本守军顽强抵抗，元军虽然小胜，却不能深入。后来等不到援军，元军只好撤退。归途中遇到台风，船只大多毁坏，元军损失惨重。

至元十八年（1281），忽必烈再次命令东征日本。元军兵分两路向日本进发。两支元军在日本平壶岛会师后，又遇到罕见的飓风，大多数船只破损，除了一部分高级将领争先坐船逃回外，10多万军士被遗弃在海岛上。几天后，日军大举进攻，元军又气又饿，大部分战死，剩下来的都被俘去做奴隶。元军第二次东征日本几乎遭受全军覆没的损失。但忽必烈还是不死心。

至元二十年（1283），忽必烈试图再征日本，在江南大造海船，抽调兵马。由于人民纷纷起来反抗，他被迫放弃了征伐日本的计划。

出土自对马海峡的元军头盔

忽必烈派军渡海征爪哇

至元二十九年（1292）十二月，忽必烈派军渡海征爪哇。

元代，在南海诸国中，爪哇（今印尼爪哇岛）力量最强。元世祖忽必烈认为，只要爪哇臣服，其他小国自当称臣。于是从至元十六年（1279）起，元代不断派遣使者前往爪哇，并要求爪哇国王亲自来朝。至元二十六年（1289），爪哇国王葛达那加剌将元使孟琪黥面送回。这种侮辱使忽必烈大怒，决意出兵爪哇。至元二十九年（1292）十二月，福建、江西、湖广三省军队从泉州出发，经七洲洋、交趾、占城界、东西董山，次年正月至勾阑（今格兰岛）。二月，元军分水陆两军并进。三月初会于八节涧（今泗水南）。这时爪哇国王被邻国葛郎所杀，爪哇国王的女婿土罕必阇耶攻打葛郎不胜，闻元军至，即遣使以其国山川、户口及葛郎国地图迎降并求救。元军助土罕必阇耶打败葛郎，葛郎国王出降。四月，土罕必阇耶请求回去，以交换降表并准备贡礼随军入朝元帝，元军派兵护送。途中，土罕必阇耶寻机逃走，集结军队袭击元军。元军且战且退，两月后返回泉州。元军死亡3000余人，掠得价值50余万的金宝香布。忽必烈认为"亡失多"，无功而返，对率兵者亦黑迷失和史弼行杖罚，并没收其家资1/3。另一个将领因劝谏不要放纵土罕必阇耶，且立功多，则赐金50两。忽必烈这次征讨失败，心有不甘，准备再次发兵，后因病死而作罢。

方国珍起兵割据浙东

至正八年（1348年）十一月，台州方国珍起事，割据江东，聚众海上。

方国珍，名珍，字国珍，浙江黄岩人。世以贩盐浮海为业。至正初年，海盗劫掠商民，抢夺漕船。至正八年（1348年）十月，仇人陈氏向官府诬告方国珍私通海盗，坐地分赃，方国珍怒杀陈氏。官府闻之，派兵缉捕。方国珍屡次贿赂官吏仍不能免，于是带领家属和邻里逃命到海中，集

元至元六年（1340）郑氏积诚堂刻本《事林广记》插图

结了数千人，劫夺海运粮，扣留元朝运粮官员，屡败元军。元廷命江浙行省发兵征讨，方国珍俘行省参知政事朵而只班，请降。元廷乃授与方国珍元定海蔚。以后几十年中，他对元朝时降时叛。至正十年（1350年）十二月，方国珍又"烧掠海治州郡"。次年二月，江浙行省左丞孛罗帖木儿率军征讨时被俘，官军不战而溃。朝廷复命大司农达识帖睦迩军招谕方国珍于黄岩，方国珍兄弟登岸罗拜。绍兴总管泰不花亲至岸边，散其徒众，并授其以官职。

至正十二年（1352年）三月，因刘福通发动起义，元廷募舟师守江，方国珍起疑，再次入海反元。台州路达鲁花赤泰不花前往招降，被杀。次年，方国珍遣使入京师遍赂权贵，冀求官职。元廷乃授以徽州路治中。但方国珍并未因此息兵，仍横行海上。龙凤三年（1357年），方国珍是元朝浙东行省参知政事、海道运粮万户。他以庆元为根据地，兼领温州、台州，占领浙东沿海一带地方，拥有船只1300多艘，时常占据海道，抢劫粮运，形成了一支对元朝威慑极大的力量。朱元璋当然不允许这股力量继续存在，迅即遣兵调将，分三路进讨，从陆上海上形成了一个大包围。方国珍计穷势屈，被迫投降。

张士诚大败元军于高邮·进军江南称王

至正十四年（1354年）正月，张士诚据高邮称王建国。

张士诚，泰州白驹场亭民，以操舟贩盐为业。至正十三年（1353年）正月，张士诚与其弟士义、士德、士信联合壮士李伯升等18人，杀大户，招纳盐丁，起兵反元，一举攻下泰州（今江苏泰州）。元朝政府遣高邮知府李齐前去招降，张士诚接受招安，受任民职，且请求跟从征讨红巾军。但部下诸将意见不一，相互攻杀。后元淮南江北行省参知政事赵琏移镇泰州，命张士诚北征濠、泗。张士诚不从，再次反叛起义，破泰州、陷兴化，驻扎德胜湖。五月，攻下高邮。次年正月，张士诚在高邮自称诚王，国号大周，年号天佑，建立了政权。

大周政权突起高邮，占据要冲，阻绝南北，使元朝政府十分惊恐。十四

张士诚铸的"天祐通宝"

年九月，丞相脱脱统领诸王、诸省各路军马，号称百万，出征高邮。高邮被围困3日，城中日益不支，人心浮动，城破在即。张士诚准备投降，又恐"罪在不赦"。危急关头，十一月，元中书右丞哈麻挟私忿，连上三章，弹劾脱脱"劳师费财"。顺帝听信谗言下诏削脱脱官爵，安置于淮安路，以河南行省左丞相太不花等代领其兵。临阵易将，元军大乱，百万之众，一时四散，无所投附者加入了红巾军。张士诚乘机出兵，反败为胜。高邮之战是元末农民起义军的一个重要转折点。各地农民军复起，使已处于低潮的农民战争再次转入高潮。

高邮之役后，张士诚向东南发展，攻至通州。至正十六年（1356年）攻克常熟、平江、松江，改平江为隆平府，据以为都。随即与割据集庆的朱元璋发生争战，相继败于龙湾、常州。至正十七年，张士诚被迫降元，受封为太尉，并继续与朱元璋争夺地盘。北方红巾军失败后，张士诚乘朱元璋主力与陈友谅大战之际，迅速扩展地盘，据地南抵绍兴，北逾徐州达于济宁，西面包括汝、颖、濠、泗诸州，东至于海，拥兵数十万。至正二十三年（1363年），遣兵助元廷攻安丰红巾军后，要挟元廷封王未遂，自称英王。至正二十六年，朱元璋遣徐达、常遇春率军20万攻张士诚。二十七年九月，朱元璋军破平江，张士诚被俘。

徐达远征沙漠

　　洪武三年（1370）正月三日，朱元璋命徐达为征虏大将军，李文忠为左副将军，冯宗异为右副将军，往征沙漠，以消除扩廓帖木儿为首的西北边患。

　　朱元璋的部署是兵分二道。一令大将军徐达，自潼关出西安，西取扩廓帖木儿；一令左副将军李文忠出居庸，入沙漠，追元顺帝，使其彼此自救，无暇应援。诸将即奉命而行。四月八日，徐达一路出巩昌安定县，次沈儿峪。与扩廓帖木儿隔渠沟列阵对垒。九日，诸将悉力与战，大败扩廓贴木儿，擒元郯王、文济王及国公阎思孝等官 1865 人，吏卒 84500 余人，马 15280 匹，

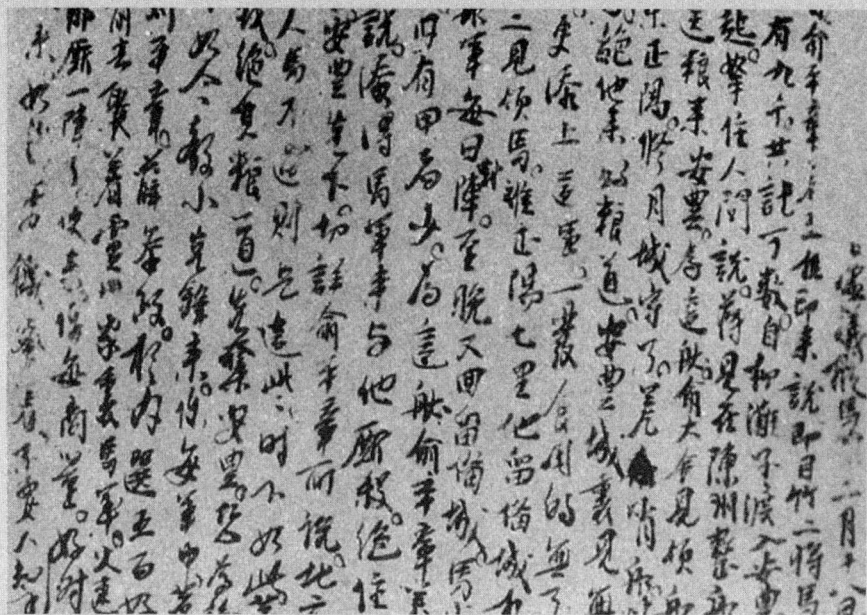

朱元璋给徐达的军令

橐驼驴牛羊杂畜不计其数。扩廓帖木儿从皇城与妻子数人逃奔和林，郭英追击至宁夏，不及而还。五月十五日，李文忠一路趋应昌，得知元顺帝死，兼程前进，十五日围应昌城，十六日破城而入。元嗣君与数十骑北奔，文忠追至庆州而还，回军途中，又收降元将江文清、杨思祖及所属5万余将士。遂班师还京。

徐达、李文忠远征，迫使元朝残余势力从应昌、定西一线北撤，明朝北方边境随之也稳定下来。

燕王起兵靖难

建文元年（1399）七月，燕王朱棣抵制建文帝削藩政策，自称"奉天靖难"，声讨齐泰、黄子澄，以清君侧。

早在建文帝削藩之初，燕王朱棣即深感恐惧，在僧道衍的策划下密谋举兵。他们暗中选拔将校，勾置兵卒，招纳材勇异能之士，日夜操练演习，铸造兵器。建文元年（1399）正月，朱棣派遣长史葛诚入朝奏事。建文帝朱允炆召见葛诚密问燕府诸事，葛诚如实相告。允炆遂让葛诚为内应。三月，北平按察司金事汤宗向朝廷告发新任按察使陈瑛和右布政使曹昱、副使张琏等人接受燕府贿金一事，建文帝立即下诏将陈瑛逮至京师，不久被谪官广西。六月间，燕王护卫百户倪谅上变，告发燕府官校于谅、周铎等人参预密谋反判，结果于谅、周铎被逮赴京师处死，建文帝并下诏责斥燕王图谋不轨。朱棣见情势十分危急，佯狂称疾。被建文帝派往北平监视燕王动静的左布政使张昺、都指挥使谢贵到王府察探虚实，竟信以为真。葛诚则暗地警告张昺、谢贵说：燕王根本无病，千万不可轻信。同时密告建文帝实情。此时，正赶上燕王护卫百户邓庸入朝奏事，经过一番威逼审讯，邓庸供出了燕王将举兵的实情。于是，建文帝密令张昺、谢贵谋取燕王，葛诚与护卫指挥卢振约为内应。张昺、谢贵奉朝廷密令调集卫卒入城，积极加强防务，同时飞章奏报请旨。建文帝得报后，火速派内使持诏书赴北平，令逮捕燕王官属。七月六日，北平都指挥使张信奔入燕府告密，把朝廷密敕和盘告诉朱棣。朱棣大吃一惊。当时北平满城都是谢贵所帅军士，而朱棣王府护卫的精锐兵卒早被调到开平。朱棣感到寡不敌众，忙与僧道衍、张玉、朱能商讨对策。朱能说：只须先擒杀统兵将领张昺、谢贵二人，其余敌众再多，也无能为力。道衍献计：如今朝廷既遣内使逮捕王府官属，我们不妨将计就计，把王府官属开具名单交付内使，让他诏张谢二人入府逮人。待其来到燕王府第，只消一人之力，便可擒杀。朱棣依计而行，御坐东殿，潜伏壮士伺机而发。张昺、谢贵被骗至王府，燕王赐宴行酒。突然厉声喝骂，以瓜掷地，霎时，伏兵应声四起，张昺、谢贵方知中计，束手就擒。是日入夜，整个北平陷入刀光剑影之中。朱棣命张玉、朱能等率兵乘夜冲杀出王府，经过一夜激烈交战，至次日黎明时分，北平守军四处溃走，九座城门尽数攻克。七月七日，朱棣聚集将士隆重誓师。他宣誓：我太祖高皇帝、孝慈高皇后嫡子，国家至亲，受封以来，惟知循法守分。今幼主嗣位，信任奸臣，横起大祸、屠戮我家。我父皇母后创业艰难，封建诸子，藩屏天下，传绪无穷。一旦残灭，皇天后土，实所共鉴。《祖训》云："朝无正臣，内有奸恶，必训兵讨之，以清君侧之恶"。今欲奉行天讨，以安社稷。就在誓师的当儿，天色聚变，黑云压城，狂风急雨自天而降，众将士惊恐万状，然而僧道衍却以燕房屋上的檐瓦掀落于地，预示着大王将易黄瓦覆殿称帝的巧妙阐释，稳住了军心，保证了誓师起兵的成功。

　　朱棣为了寻求师出有名，不违祖训，同时上书以讨伐齐泰、黄子澄，清君侧之恶，扶国家之既坏为名，堂而皇之地称自己的举动是"奉天靖难"。从此揭开了朱明王朝历史上长达4年的"靖难"战争的序幕。实际上是封建皇族内争夺帝位的武装斗争。

朱棣北征·大破鞑靼

永乐七年（1409）六月十日，百户李咬住及伯兰奏报：给事中郭骥奉命出使，被本雅失里诛杀。本雅失里、阿鲁台准备再侵扰边境。朱棣大怒，遂命将士严守边境。二十六日诏谕甘肃总兵官何福，令其整饬兵马以待，且告知将遣将征剿本雅失里。七月三日，朱棣命洪国公丘福为征虏大将军总兵官，率精骑10万，北讨本雅失里。丘福因轻敌冒进，惨败于胪朐河，全军覆没。朱棣得报震怒，以诸将无一能任，决计亲征。十月一日，朱棣召集诸将商议北征之策。永乐八年（1401）二月一日，朱棣命令皇长孙瞻基留守北京，户部尚书夏原吉辅导，兼掌行在部院之事。五日，诏告天下准备北征，十日北征之师从北京出发。由翰林学士胡广、侍讲杨荣、金幼孜随从护驾。总领50万众，浩浩荡荡，出德胜门，向北进发。三月二日，在兴和（今河北张北）集师，大阅誓师。五月一日，成祖历经万里萧条到达胪朐河。兴之所至，将此河赐名饮马河，又将河上地命名为平漠镇。三日，北征军遇虏骑而进击，得箭1

揄胡山刻石

捷胜冈刻石

枚、马 4 匹而还。十七日，成祖得知虏寇距此不远，于是命令大军渡饮马河。本雅失里逃遁。成祖亲追本雅失里于斡难河上。本雅失里大败，仅以 7 骑西走，后为瓦剌人所杀。朱棣所率明军追击不及而还。二十日，朱棣又下令分兵追杀阿鲁台。本雅失里西走时，阿鲁台东奔，因占地利之便，时战时退，明军无奈。朱棣派人前去召降，阿鲁台犹豫不决，双方相持不决。成祖经阔滦海子（今内蒙呼伦湖）时，在静虏镇击阿鲁台，向北又追击百余里，直到回曲津，又在此大败阿鲁台。但因天气过于炎热，士兵又饥又渴，对北方水土、气候不易适应，战斗难以持久，朱棣遂下令在六月班师回朝。七月，朱棣率北征的明军经开平到达北京。十月，明军又从北京南还。十一月，明军回到京师。永乐八年（1411）十二月，鞑靼太师阿鲁台派遣使节向明朝进贡名马。随后，明成祖朱棣又分别于十一年（1413）十二月，十二年二月，二十年三月，二十一年（1423）七月，以及二十二年正月，亲自率军 5 次北征，或击瓦剌，或击鞑靼；或大胜，或小胜，或出师无功，直到最后死于班师途中。

明成祖死于第五次北征

明永乐二十二年（1424）正月七日，阿鲁台再次进犯大同、开平（今内蒙多伦多一带）一带。明成祖于四月四日出师蒙古，开始第五次北征。当大军进至隰宁时，阿鲁台早已逃走，其部属也四散离去。成祖不想再无功而返，于是命令大家追击、搜寻。其时适逢大雨，天气恶劣，士卒中有许多人病死。六月成祖下令明军各部兵分几路穷搜山谷，仍未发现阿鲁台踪迹。此时，因远征耗时日久，粮草不足，成祖决定退兵。七月十八日，成祖回师至榆木川（今内蒙乌珠穆沁东南）时，因病去世。八月十日，灵柩运至京城，九月十日，成祖被奠谥为体天弘道高明广运圣武神功纯仁至孝文皇帝，庙号大宗，葬于

明成祖朱棣的陵墓——长陵

长陵。嘉靖十七年（1538），改谥号为启天弘道高明肇运圣武神功纯仁至孝文皇帝，庙号成祖。

明成祖在位22年，曾5次亲征漠北，沉重打击了蒙古内部的割据势力；先后6次派遣郑和下西洋，增强了我国与亚、非各国在政治、贸易、文化上的往来。他倡导编撰的《永乐大典》对保存我国古代文化典籍具有重要历史意义。

成祖逝世后，皇太子朱高炽即位，是为仁宗，第二年改年号为洪熙。阿鲁台听说成祖已死、仁宗即位后，即派使者前来贡马。仁宗下诏免去阿鲁台所犯之罪。从此，阿鲁台仍然每年遣使朝贡。

叶宗留、邓茂七起义

正统九年（1444）七月，处州平民叶宗留与王能、郑祥四、苍老头、陈鉴胡等私开福安矿（今福建福安）与官府冲突，杀死福建参议竺渊而反。及至正统十三年（1448）四月，又有邓茂七在福建宁化率佃民反抗勒索而起义，全国民众暴动此起彼伏。

叶宗留活动于福建浙江及广东、江西一带。正统十一年（1446）三月，明英宗派遣御史柳华前往镇压叶宗留。柳华编民为甲，选豪者为长官，并让他们自备兵器，巡逻防范，围剿叶宗留义军。在围剿中，王能等35人投降，郑祥四、苍老头等300余人被诱杀。叶宗留率众撤退，重新组织力量，开始正面反抗明军。叶宗留注意训练军队，整顿纪律，使义军迅速壮大。义军先攻取江西铅山盘岭为根据地，正统十三年（1448）七月，又大破官军于处州，杀都督陈诏，十一月，破官军于玉山，叶宗留在战斗中牺牲。部队由叶希八率领，继续斗争。由陈鉴胡率领的一支义军攻破浙江松阳龙泉，自号"太平国王"。正统十四年，陈鉴湖向朝廷投降，景泰元年（1450），叶希八也投降明军。历时六年的起义完全失败。

正统十三年（1448）四月，江西建昌人邓茂七与陈政景在福建宁化率众抗勒索，受300官军围攻，杀死官兵、巡检、知县起义，攻打沙县、龙溪等处，声势日益盛大。当时有尤溪人蒋福成在十数日内聚众万余人，占领尤溪，与邓茂七响应。邓茂七在沙县陈山寨建立政权，自号"铲平王"。义军攻破泉州，攻占 20 余县。

明政府惊惧，派佥都御史张楷、宁阳侯陈懋等率 4 万余众利用蒙古、回族精兵前往镇压。正统十四年（1449），邓茂七因内奸出卖，中计被杀。其余部拥立邓茂七之子邓伯孙以九龙山为根据地，继续战斗。同年五月，邓伯孙中计，遭官军袭击而被俘牺牲。其部将冒丕、廖宁等余部转移到深山之中，等待时机。第二年，余部也被民军诱杀，起义失败了。

杨虎、刘六起义

明中后期，土地兼并严重，特别是霸州一带，皇庄集中，农民更加贫困，农民纷纷起来反抗。

正德四年（1509），交河人杨虎在霸州文安等地领导起义。正德五年（1510）

明弘治十四年（1501）的驿符

十月，霸州文安人刘六（名宠）、刘七（名宸）与囚犯齐彦名共举义旗，也揭杆而反。穷苦百姓纷纷响应，旬日之间就有数千人加入，起义军力量开始壮大。正德六年（1511）六月，刘六起义军与杨虎起义队伍会合，攻占北直隶、山东20多个州县，人数增至数万。此后，刘六、杨虎各率一路义军，时分时合，互相声援。正德六年九月，杨虎一路破兴济、沧州，进军济南、东昌、兖州、莱州。杨虎在行进途中遭明军包围，英勇牺牲。其部由刘惠、赵燧率领，继续战斗。刘惠被推为奉天征讨大元帅，赵燧为副元帅，并整顿军队，分军为28营，统众13万。不久，义军攻破河南裕州。

明朝廷惊慌失措，急忙分派仇钺围剿刘惠、赵燧一军。张纬、马中锡围剿刘六、刘七一军。正德七年（1512）五月，刘惠、赵燧在湖广应山县与明军大战，失利，赵燧被捕，被杀于北京。刘惠在南召土地岭战斗中阵亡，此一军覆灭。

刘六、刘七一军进入山东后，连破日照、海丰等10城。七年四月，遭官军10万围剿，义军突围而出，因势单力孤，退入湖广。五月，刘六在黄州团风镇战斗中牺牲。刘七与齐彦名率部自黄州下九江、湖口，转战安庆、芜湖、镇江。最后以狼山为据点，不时出击。官军进攻狼山，起义军死伤惨重，刘七中箭投水自杀，齐彦名战死。持续3年的杨虎、刘六起义终告失败。

张经俞大猷大败倭寇

嘉靖三十四年（1555）五月，总督张经、副总兵俞大猷大败倭寇于王江泾。

嘉靖三十三年（1554）五月，明世宗采纳给事中王国桢等人请设总督大臣的建议，任命南京兵部尚书张经兼右副都御史，总督南直隶、浙江、山东、福建、两广军务，专事剿倭，但又命张经"剿抚并行，毋误事机"，致倭寇继续为祸东南各省。嘉靖三十四年（1555）五月，盘踞柘林（今上海市奉贤县南）的倭寇会合新倭四千多人突然进犯嘉兴府。视察江南军情的工部右侍郎赵文华急于立功，催促张经出战。张经拟调齐从广西来的士兵后再发动进攻，但又怕赵文华泄露军机，不肯先期告知他。赵文华即上疏密告张经"养寇失机"。明世宗偏听偏信下令逮捕张经。正在此时，张经调遣的兵将齐集，遂派参将卢镗督领士兵水陆夹击。保靖宣慰使彭荩臣在石塘湾首战倭寇，倭军败走。张经命副总兵俞大猷和永顺宣慰司官彭翼南合兵出击，倭寇败走王江泾（嘉兴北）。在王江泾，倭寇受到俞大猷、彭翼南和彭荩臣各部的前后夹击，被斩1980多人，焚溺而死无数，残部逃归柘林坚守不出。张经、俞大猷令明军火烧柘林，倭寇仓惶驾船出海逃遁。

王江泾大捷是明军抗倭战争以来最大的一次胜利，被称为"自有倭患来，此为战功第一"。

王江泾大捷后，张经受严嵩、赵文华和浙江巡按御史胡宗宪的陷害入狱致死，俞大猷也被借故逮捕入狱。抗倭战争的领导权落入赵文华、胡宗宪手中，东南沿海的倭寇势力又猖獗起来。

胡宗宪计破倭寇·擒王直

胡宗宪自嘉靖三十五年（1556）二月接替杨宜总督沿海军务后，设计劝王直部下大头目"天差平海大将军"徐海受抚。徐海同意投降，并奉命袭击盘踞在吴淞江的倭寇，斩寇三十多人，立功赎罪。与此同时，胡宗宪又令总兵俞大猷焚烧徐海的战船，致徐海害怕而以其弟徐洪为人质，并向胡宗宪献上坚甲、名剑。胡宗宪厚待徐洪，并以世爵为诱饵，设计分化徐海与另两名海盗头目陈东和叶麻的关系。徐海中计擒陈东、叶麻两人献于官军，并率部五百人前往巨浦（今浙江平湖县东南），扎营梁庄。嘉靖三十五年（1556）七月二十五日，官军一举焚毁巨浦倭寇巢穴，歼敌三百多人，焚溺死者三百多人。倭寇残部狼狈逃往海上，指挥邓城率兵追击，全歼倭寇。翌月，徐海到平湖投降胡宗宪，并受命驻屯沈家庄受抚。胡宗

胡宗宪《筹海图编》

宪设计令徐海部与陈东部相斗，总兵俞大猷乘机率兵攻克沈家庄，徐海投水而死。明军又在大隅岛主击破倭寇，擒辛五郎，并将他与徐洪、陈东、叶麻一道解往京师。徐海余部败走舟山，被俞大猷围歼，江南、浙西倭患暂告平息。

胡宗宪与"五峰船主"王直同为徽州府人，巡抚浙江时即令徽州府逮捕王直的母亲和妻子。先囚在金华监狱，后为引诱王直而安置在杭州，生活上善为照顾，并命人持其家书招抚王直。王直知道家属安然无恙，又见部众多被剿灭，准备接受招抚。嘉靖三十六年（1557）九月二十七日，王直前往舟山岑港，因见官兵戒备森严，心中起疑，拒不上岸，后派其义子王激谒见胡宗宪。胡宗宪派总兵卢镗到王直船上，许官以都督，署司海上通市事，并留下指挥夏正为人质。十一月初六日，王直与同党叶宗满、王清溪等人谒见胡宗宪，胡宗宪令其前往杭州。嘉靖三十七年（1558）正月二十五日，王直被捕囚于浙江按察司狱。嘉靖三十八年（1559）十二月，明世宗下诏斩王直于杭州，叶宗满、王清溪戍边境。胡宗宪以计擒获海寇首领王直有功，加太子太保。

明神宗三大战役进行

自明神宗万历二十年（1592）起，不到10年时间，一共打了三场大战役，即：宁夏战役、朝鲜战役和播州战役。

万历二十年（1592）二月，宁夏致仕的副总兵哱拜起兵反叛，拉开了宁夏战役的序幕。哱拜，原为鞑靼人，嘉靖中降明，屡立战功，官至指挥使。因不满宁夏巡抚党馨的裁抑，以不如数发给冬布衣及月粮银为借口，唆使其子承恩及部属起兵反叛，杀巡抚都御史党馨及副使石继芳，占据城亘，与鞑靼相勾结。四月，朝廷任命李如松为提督，辖陕西军务讨伐哱拜，同

建于明万历十九年（1591）的陕西三原县龙桥

时，又派辽东、宣大、山西援军到宁夏，归李如松指挥，宁夏巡抚朱正色，甘肃巡抚叶梦熊也加入讨伐叛军之战。七月，明军水攻宁夏城，李如松斩首级16人，生擒1人。城内饥荒，士食马匹，民食树皮、败靴，城内民众拥请招安。九月，参将杨文提的浙兵及苗兵、庄浪兵赶到汇合，攻破宁夏城，哱拜仓皇自缢及放火自焚，被部卒从火中斩首。宁夏叛乱终于平息。

同年五月，日本关白（宰相）丰臣秀吉派水陆军20余万，以小西行长为先锋，偷渡朝鲜海峡，迅速攻占釜山、王京（汉城），直逼平壤。朝鲜国王李昖向明朝求援。明廷认为，日本侵朝，意在中国，便派祖承训为副总兵，率师援朝。七月，祖承训部3000余人与日军在平壤相遇，不敌败退。十月，明廷令李如松提督蓟、辽东、保定、山东军务，任防海御倭总兵官。十二月，李如松率兵7万东渡入朝。万历二十一年（1593）正月，李如松收复平壤，

歼敌万余人，取得援朝首次大捷。二月，焚毁日军粮仓粟食数十万。四月，日军因缺粮而退出王京，明军入城，并追击日军至釜山。五月，四川参将刘挺以副总兵衔率援军4000到达朝鲜，出乌岭，屯大邱、忠州，布兵釜山海口。六月，日军派小西为使请和。七月，李如松归国。十二月，中日和议成约，朝鲜之役结束。

明代竹节炮。突起的节加固了炮身，美观实用。

万历二十二年（1594）十月，邢玠征讨播州杨应龙。杨应龙，万历十八年（1590）因其祖杨烈军功，封为都指挥使。因多行不义，二十年十二月被弹劾，本应论斩，杨应龙献金自赎。二十二年十月在播州反叛，南京兵部侍郎邢玠奉命总署川贵军务，征讨杨应龙。次年五月，邢玠抵达重庆，杨应龙故伎重施，以出4万两黄金资助采木而获开释。但仍被革职，由其子杨朝栋理宣慰司事务。二十四年（1596）七月，杨应龙再次反叛，攻陷邻近卫所、土司；次年七月掠合江、綦江。二十六年十一月，又大掠贵州，侵入湖广48屯，阻塞驿站。二十七年（1599）二月，贵州巡抚江东之派兵讨伐杨失利。朝廷起用都御史李化龙兼兵部侍郎，节制川、湖、贵三省军事，进剿叛军，各有胜负。二十八年（1600），李化龙在重庆会集文武，分兵八路，进剿播州。六月，平定播州，杨应龙举家自尽。杨氏自唐以来800余年占据播州的历史，自此而终。

中日战争再起日军大败

万历二十五年（1597）正月，丰
臣秀吉拒绝明朝封赏，日军仍未撤离
釜山归国，丰臣秀吉再遣清正统战船
准备夺回朝鲜重镇，朝鲜遣使向明朝
求援。二月，明廷命麻贵为备倭总兵
官，统率南北诸军，出师朝鲜，征剿
日本侵略军。三月，又命杨镐经略朝
鲜军务，邢玠经略御倭，以增强后援。

丰臣秀吉像

六月，日本兵船数千停泊，逼近
梁山、熊川，邢玠设计逮日军向导沈惟敬。八月，日军攻陷全罗外藩的南原
和位于朝鲜西海口的南原闲山岛，直接威胁我国天津、登莱，并进逼王京（汉
城）。十二月，明军围攻战略要地蔚山，连续10日未能攻克。日军以诈降行
缓兵之计，万历二十六年（1598）正月，日军大队军马骤至，明军措手不及，
统帅杨镐、麻贵弃军先逃，败回王京。是役，明军丧师2万余，辎重多丧失，
杨镐与邢玠合谋，反向朝廷诡报获胜。后经揭发，杨镐被罢职。蔚山一役，

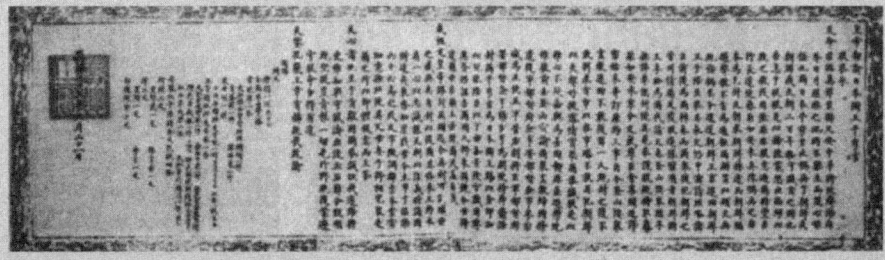

万历二十三年（1595），明代册封丰臣秀吉为日本国王的诰书。次年又颁秀吉金印、刺谕和冠服。

明军谋划多时，而且中朝尽倾全力，至是大败，朝野无不嗟恨。

七月，日本关白（宰相）丰臣秀吉病死，日军军心摇动。日将皆有归志，邢玠派兵进击，再战蔚山，胜负未分。十月，刘綎、麻贵分道击日兵，大胜。

十一月，日将行长、清正欲弃蔚山逃归。明军水师提督陈璘派战舰封锁海路，又遣副将邓子龙偕朝鲜将领李舜臣追击日军。邓子龙已年过70，仍率战船300艘为前锋，追至釜山南海，携300勇士奋勇杀敌，后战船中火，邓、李二人壮烈牺牲。这时，副将陈蚕、季金等率军至，前后夹击，焚毁日舟，日军死伤无数。陈璘与刘綎亦会师击日军干曳桥寨，再焚日军战船百余艘。此次釜山南海大战，明军共击沉日船900余艘，烧死日将岛津义弘，全歼日水军。日军残部退至锦山。

十二月，陈璘派兵围攻乙山，发炮攻击，日军无一逃脱。明军的抗倭援朝战役以胜利告结束。从首次入朝作战至今，历时7年，"丧师数十万，糜饷数百万"，人力、物力的损失不可谓不大，但中国军队的胜利，却受朝鲜人民世代称赞。

釜山城战斗图

努尔哈赤誓师攻明

万历四十六年、后金天命三年（1618）四月，爱新觉罗·努尔哈赤以"七大恨"告天，正式叛明。七大恨的内容，除了对自己的父祖无罪被诛表示怨愤之外，同时对汉人越界挖参，影响满人生计；辽东边将迫逐他的边民离开田亩，丢弃房产；以及明朝祖护叶赫，使他受尽委屈等事，更是深致责备之意。四月十五日后金步、骑围攻抚顺城，明军游击李永芳投降，守城千总王命印战死，抚顺东册、玛根、丹三城以及台、堡、寨共500余座悉为后金兵所占据，全城遂陷，后金兵将城中居民尽驱赶到广宁城。同月二十一日，明军广宁总兵官张承荫率副将颇廷相、参将蒲世芳、游击梁汝贵等诸营兵援抚顺。后金兵乘胜奋击，张承荫、蒲世芳力战身死，颇

努尔哈赤穿用的甲胄

廷相、梁汝贵突围后见失主将，亦奋战阵亡。明军将士死亡万余人，幸免者十无一二。消息传到北京，举朝震骇。

次月（闰四月），明廷起杨镐为兵部左侍郎兼右佥都御史，经略辽东，筹措辽饷300万两，加强防御，阻遏后金兵。七月，后金兵进围清河堡城，守城副将邹储贤率万人固守，后金兵树云梯登城，储贤战死，清河堡陷，遂失辽东屏障。明廷急檄调山海关、保定、铁岭、大同、广宁、开原诸路兵马赴援。援兵尚未出关，神宗赐杨镐尚方剑，诏斩总兵以下官。于是清河逃将陈大道、高炫被斩于军中。直至入冬，四方援兵始集。

努尔哈赤征明首战告捷，士气大振。往返回赫图阿拉后，论功行赏，并酝酿对明朝的再次征战。

金军大败明军于萨尔浒

万历四十七年（1619）三月，明军与后金战于萨尔浒，明军覆没。

本年正月，后金征叶赫。时明军援辽之师大集，恰遇叶赫告急求援，杨镐逐于二月在辽阳誓师，分兵4路，期藉此消灭后金，解除东北边防威胁。

本月，杨镐分兵出击，杜松想立首功，先渡浑河，连克2小寨，乘势赴萨尔浒山谷口。努尔哈赤侦知明军分布，集八旗兵6万，乘明军部署未定，设伏以击。先于界藩山吉林岩击破杜松军3万，杜松战死，乘胜回击马林于飞劳山，明军败溃，叶赫军惧而逃遁。杨镐得两路败报，急檄止李如柏、刘綎两军。此时刘綎已进军深入300里至深河。努尔哈赤设计诱刘綎进入伏击圈，前后夹击，刘綎死战，全军覆没，朝鲜援军亦投降。

这次萨尔浒大战，明军损失惨重，后金军势大振，又于六月、八月先后攻陷开元、铁岭，马林战死。从此，后金兵开始了长驱直入征讨明朝的掠夺之战。

宋陵石雕

李自成称王·大破明军

崇祯十六年（1643）正月，李自成被拥戴为"新顺王"，改襄阳为襄京，设制官职。

在崇祯十一年（1638）的潼关大战中，李自成的农民起义军遭受重创，陷入低潮。经过一年多在商洛山中的卧薪尝胆，李自成重整旗鼓，于崇祯十三年冬进入河南。次年一月，李自成指挥大军攻克中原重镇洛阳，俘杀福王朱常洵。洛阳战役的胜利，标志着农民军在战略上从防御转为进攻。随后，从崇祯十四年（1641）二月至十五年十一月，李自成指挥大军驰骋中原，围开封，战新蔡，

李自成铸造的铜印

克南阳，破襄城，下郏县，攻汝乡，农民军连战连捷，越战越强，与明军的力量对比发生了变化，明朝的腐朽统治从根本上遭致动摇。

崇祯十六年（1643）正月，李自成攻陷承天（今湖北钟祥）后，臣僚劝告李自成即皇帝位，李自成被拥戴为"新顺王"，号"奉天倡义大元帅"，改襄阳为襄京，初步建立起农民革命政权。在中央由上相、左辅、右弼组成内阁，下辖吏、户、礼、刑、兵、工六政府。地方则设府、州、县三级行政长官，各地重镇设防御使、观察使、统制使、提督等官。军队建制也同时逐步健全，主力部队分编为前、后、左、右、中五营，其中以中营为核心，又称"标营"。各营由制将军率领，制将军为主帅，果毅将军、威武将军为次帅。

五月，李自成召开重要军政会议，确定先取关中，以陕西为基地，扩充力量，然后攻取山西、河北，进军北京的战略计划。九月，与明军大战于汝州，歼敌四万。十月破潼关，击毙新任兵部尚书孙传庭，随即占领西安。不久，陕、

甘、青广大地区都归农民军所有。

崇祯十七年（1644）春节，李自成正式宣布建国。改西安为西京，国号"大顺"，建元"永昌"。李自成在西安进一步调整和完善了农民政权的中央机构，大力推行各项革命措施。中央机构以天佑殿为最高行政机关，六政府各任尚书一人，又建立弘文馆、文瑜院、直指使、谏议从政、统会、尚契司、验马司、知政使、书写房等政府机构。同时继续推行"均田免赋"、"割富济贫"等政策，安置流民，稳定物价，废除八股，颁布新历等等。又敕令各营，加紧练兵，积极备战。

北京故宫武英殿。李自成率起义军攻克北京后，曾在这里处理日常政务。

经过采取一系列军政措施以后，农民革命政权根基渐稳，各营部队兵精粮足。于是起义军在李自成亲自率领下，浩浩荡荡开始东征，向明王朝都城北京攻去。

吴三桂开关迎清军·李自成兵败

李自成占领北京后，虽然明朝灭亡了，但是距离北京不远的山海关，还驻扎着明宁远总兵、平西伯吴三桂率领的精锐兵力，直接威胁着北京的安全。因此，李自成准备在招抚吴三桂后登基为帝，然后派大军南下完成一统大业。吴三桂接到李自成的劝降信后，权衡再三，决定亲率精锐赴北京投降，但当他听到其父母被大顺军拘禁、爱妾被刘宗敏霸占的消息后，便以此为由与农民军公开作对，并遣使向清摄政王多尔衮"乞师"，随后又表示降清，迎清军到山海关附近。见此情况，李自成决定东征，以铲除吴三桂的势力。顺治元年(1644)四月十三日，他率20万大军由北京出发，于二十一日抵达山海关。当日即对吴三桂发动猛攻，尽管吴三桂督兵顽抗，但局势仍然岌岌可危，二十二日凌晨，吴三桂以炮轰击农民军的包围圈，从隧道突围直驰清营，拜见多尔衮，剃发称臣，请求出师，随即开关迎入清军。当日，吴三桂倾精锐与农民军接战，农民军英勇搏杀，至午后，已将吴军紧紧包围。吴三桂东驰西突，苦战良久，几不能支。正当双方精疲力竭之时，作壁上观的清军突然从侧翼冲出，农民军措手不及，仓促应战，损失惨重。终于寡不敌众，败退永平（今河北卢龙）。

二十六日，李自成退回京师。二十九日，在武英殿仓促举行称帝典礼，接受群臣朝贺。三十日凌晨，李自成率领大军离京，奔归陕西。两天后即五月初二日，摄政王多尔衮在数万名亲兵的簇拥下进入北京，并在武英殿称制，开始了清廷对北京的统治。

郑成功起兵

顺治四年(1647)，郑成功率领海上义师，从福建南澳出兵，两三年间，连破同安、海澄和泉州等闽南海许多地方，进据金门、厦门，掀起了清初抗清斗争的最后高潮。

郑成功(1624～1662)，原名森，字大木，隆武政权重臣郑芝龙的儿子。由于受到南明隆武帝的赏识，赐姓朱，改名成功，因此被称为"国姓爷"。郑芝龙降清，郑成功苦劝不听，遂率训拒降，"不受诏，不剃头"，打出"背父救国"的旗号，坚持抗清斗争。

郑成功以金门、厦门为基地，曾多次进行北伐和南征。其中以顺治十六年(1659)的北伐，声势最大。郑成功北伐江南失败，损失惨重。顺治十七年五月，郑成功经过半年的休整，在漳州海门港大败安南大将军达素率领的清军水师。清统治者为了对付这支抗清力量，下令沿海居民内迁三十里禁止舟船出海，以切断东南人民同郑成功的联系。这给郑成功造成很大困难，为了扭转被动局面，特别是为了坚持长期抗清斗争，在爱国思想支持下，郑成功决意驱逐荷兰侵略者，收复我国固有领土台湾，以为抗清斗争的最后基地。

郑成功弈棋听军情图

郑成功遗物：靴鞋。

郑成功遗物：龙袍。

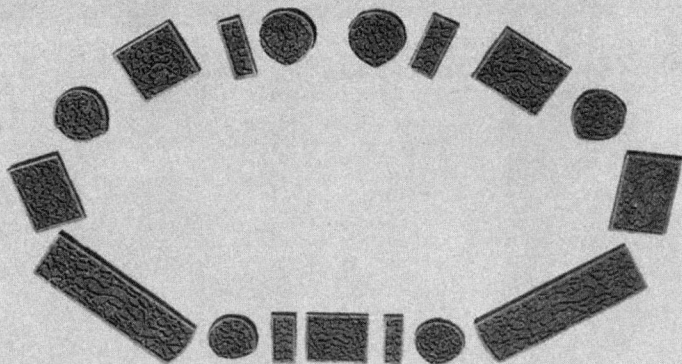

郑成功遗物：石玉带。

吴三桂起兵·三藩反清

　　康熙十二年（1673），康熙帝下令撤藩，将吴三桂、耿精忠、尚可喜三藩撤除，将其军权、财政权及用人权收归中央，结束其各拥重兵，自雄一方，尾大不掉的局面。清廷撤藩令下达后，吴三桂极其不快，同年八月，康熙帝命礼部左侍郎折尔肯、翰林院学士兼礼部侍郎傅达礼等前往云南，会同平西王吴三桂及总督、巡抚等，议商布置官兵防地，管理该藩撤兵起行等事。当折尔肯等人到达云南后，吴三桂与其部下吴应麟、吴国贵、高得捷、其婿夏

吴三桂（中）坐像

国相、胡国柱等密谋叛清。同时他安排亲信党羽，严守关隘，严格把持关口，过往人只许进不许出。十一月二十一日，他杀了云南巡抚朱国治，以所部兵力起兵反叛清廷，亮出反叛大旗，云南提督张国柱、贵州提督李本深等将领随之反叛。吴三桂自称天下都招讨兵马大元帅，建国号周，以次年为周王昭武元年，铸钱"利用通宝"，命部属剪辫蓄发，改换汉装，亲自祭奠被他杀死的南明永历帝。军队旗色皆白，步骑皆以白毡为帽，并扣留了折尔肯等大臣。

吴三桂命马宝等将率大军从贵州进兵湖广，王屏藩等统领大军由四川伺攻陕西。不久，吴三桂又致书平南王尚可喜、靖南王耿精忠以及贵州、湖南、湖北、陕西、四川等省的熟识将吏，同举叛旗。十二月，吴三桂进驻贵州。这一年吴三桂占领了沅州、常德、衡州、长沙、岳州等地。吴三桂所向无敌，清军因极少准备而节节败退。

康熙十三年（1674）三月，靖南王耿精忠收到吴三桂劝其共同反清书信，且看到吴三桂攻克常德、岳州，心中暗喜，决心从叛。三月二十二日，耿精忠据福州叛乱，自称总统兵马大将军，传檄各府县蓄发，改汉装，铸钱"裕民通宝"。一时间，江西、浙江等地响应吴、耿的人越来越多。康熙十五年（1676），吴三桂、郑经部下连陷惠州等府县，耿精忠与吴军联合，阻截清军援救广东。二月二十一日，尚之信派兵包围平南王尚可喜住处，叛依吴三桂，受封招讨大将军，改旗易服。六月，尚、耿与孙延龄力图实现与吴三桂会师江西的计划，至此，三藩之乱业已形成，战火遍及半个中国，一直到康熙二十年（1681），三藩之乱才算平息。

三征噶尔丹

在康熙二十九年（1690）和康熙三十五年（1696）康熙帝二次亲征噶尔丹后，噶尔丹已元气大伤，陷于绝境。但他们试图作垂死挣扎。为此，康熙三十六年（1697）二月，康熙又一次强征噶尔丹，率军西渡黄河进至宁夏。康熙亲自部署军事，命马思哈、费扬古出贺兰山，萨布素往克鲁伦河，两路进兵。而此时，噶尔丹的倒行逆施和残酷搜括，早已激起各族人民的愤慨。哈密的维吾尔族首领都扬达尔罕抓住前往哈密征集军粮的噶尔丹之子赛卜腾巴尔珠，解送京师。噶尔丹的部属也分崩离析，纷纷向清政府投诚，并积极担任向导，带领清军深入平叛。噶尔丹的侄子策妄阿拉布坦配合清政府的进攻，在阿尔泰山设伏，准备捉住噶尔丹献给朝廷立功。闰三月九日，康熙命孙思克和李林隆各率2000精兵分路搜剿噶尔丹。十三日，噶尔丹在绝望中服毒自杀。四月七日，康熙班师回朝，途中作《凯旋言怀》诗，诗中写道："六载不止息，三度勤征轮。边坼自此静，亭堠无烟尘。"这几句诗确是对康熙三次亲征噶尔丹的总结。

噶尔丹叛乱平定后，清政府即遣送喀尔喀各部重返自己原来的牧场安养生息，蒙古高原恢复了宁静。

《北征督运图册》。此图描绘康熙帝平定噶尔丹叛乱时向克鲁伦河运送军粮的情景。

清廷大败噶尔丹

科舍图之战，使准噶尔部贵族与清政府的关系又一次破裂，终于导致了大规模的武装冲突。雍正帝得知战况，令傅尔丹等速赴军营，准备讨伐噶尔丹策零。雍正九年（1731）四月，傅尔丹率部进驻科布多。七月，傅尔丹中准噶尔军诱兵之计，不听各方劝阻，冒昧趋进。先锋部队4000多人在博克托岭山谷被早已埋伏好的2万准噶尔军团团包围，溃不成军，移营和通泊，傅尔丹又派6000清兵增援，也被击溃。准噶尔军一路追杀，乘势掩击。待傅尔丹逃回科布多，仅存2000人。事后，傅尔丹被降职。雍正九年（1731）七月，清廷授顺承郡王锡保为靖边大将军。噶尔丹策零因在和通泊战役中获胜，滋长了骄傲情绪。噶尔丹策零留兵4000，作为后援，而令大小策零敦多布率兵26000进窥科布多。九月二十日，靖边大将军锡保命喀尔喀亲王丹津多尔济及额驸策凌率兵截击。二十一日，丹津多尔济和额驸策凌遣台吉巴海率轻骑600夜袭大策零敦多布营垒，诱敌深入。结果，大策零敦多布被诱至鄂登楚勒大营。

图为内蒙古乌兰布通古战场——清军与准噶尔部之间最大规模的一次战役就发生在这里。

双方战斗异常激烈，准噶尔军伤亡惨重。噶尔丹策零率军自哈卜塔克、拜塔克一路逃遁。此后，准噶尔军屡次受挫。但噶尔丹策零仍不甘心，总想侵占喀尔喀，扩大势力。雍正十年（1732）六月，他派小策零敦多布率兵3万抢劫喀尔喀游牧地。噶尔丹策零得知额驸策凌不在游牧地，遂派兵潜袭塔密尔河的额驸策凌牧地，攻破其寨，掳其妻子儿女，并抢夺牛羊数万。额驸策凌闻讯，怒不可遏，他一面派人送信给靖边大将军锡保，请清军夹攻，一面断发、誓天，自率蒙古兵2万驰救。他利用夜间行军，且绕出山后，待黎明时，自山上直冲而下，杀声震天，准军梦中惊醒，仓促起身，人不及甲，马不及鞍，尽弃军资，夺路而逃。额驸策凌紧追不舍，转战十余次，追至额尔德尼昭。汉籍文献称"光显寺"。额驸策凌先派人据山扼险，又命满军背水而阵，亲率劲旅万人伏于山侧。待准军败退至此，伏兵四起。此役击杀准噶尔军队万余名，尸满山谷，河水尽赤。光显寺之战，使准噶尔部受了极其惨重的损失。由于形势所逼，噶尔丹策零于雍正十一年（1733）底向清政府求和。次年，清政府派使者赴准噶尔，希望其部与喀尔喀划清游牧界，永息兵戎。经多次谈判，于乾隆四年（1739），清廷始同噶尔丹策零定议，以阿尔泰山为界，准噶尔部在阿尔泰山以西游牧，喀尔喀部在阿尔泰山以东游牧。清政府与准噶尔部割据势力之间的矛盾，暂时得到缓和，以后维护了20年的和平局面。

甘肃边境公婆泉附近的红柳沟，曾是汉蒙通商互市的重要通道。

清军攻克伊犁

阿睦尔撒纳率兵内附后，达瓦齐部下也纷纷归附清朝。乾隆决定利用准部内乱时机，再次用兵，完成康雍两朝未竟的国家统一大业。乾隆二十年（1755）春，以班第为定北将军，阿睦尔撒纳为定边左副将军，由乌里雅苏台出北路。以永常为定西将军，萨喇尔为定边右副将军，由巴里坤出西路，约期会

伊犁大城

于博罗塔拉河，两路军各25000，马7万匹，准噶尔各部见清军进剿，望风而降，各台吉、宰桑带领所属接应清军。两军于五月一日会师博罗塔拉河。清军进剿之时，达瓦齐尚在伊犁纵酒为乐，急忙派遣亲信宰桑出令征兵，而自率亲兵万人，退往伊犁西北180里的格登山，阻淖为营，企图抵御。清军擒获其亲信宰桑，后长驱追袭，直捣格登山。五月十四日，清军遣侍卫阿玉锡率轻

新疆库车县城西的克孜尔尕哈古烽燧

骑夜袭敌营，达瓦齐率2000余人逃走，余众皆不战而降。后来达瓦齐逾天山，南走回疆，奔投乌什，为城主霍吉斯擒获。与此同时，青海叛酋罗卜藏丹津也被清军俘获。二人同被槛送京师，乾隆帝亲御午门受俘，赦免他们死罪。又封班第为一等诚勇公，萨喇尔为一等超勇公，霍吉斯为郡王，阿睦尔撒纳为双亲王。为此，乾隆命令在格登山树碑纪功，并亲撰碑铭文字。

福康安领兵平定西藏

乾隆五十七年（1792）八月二十二日，福康安平定西藏，廓尔喀降清。

乾隆五十六年十一月二日，廓尔喀大举入侵西藏，洗劫扎什伦布寺。爱新觉罗·弘历（高宗）授福康安为将军，海兰察、奎林为参赞大臣，统兵由青海入藏，反击廓尔喀入侵。清政府一面调整四川省封疆大吏，一面从金川、东北、四川调兵，并藏内官兵，共约1.7万余人，开赴前线。

乾隆五十六年十一月，福康安受命驰抵后藏，立即整兵进行反击，在擦木、邦杏等地连获胜仗，随后又收复济咙，歼敌千余人。济咙以外，高山耸峙，行走艰难。福康安把清军分成两路，他自率一路由济咙直夺界隘热索桥，成德等则率另一路由聂拉木直奔关隘铁索桥。乾隆五十七年六月，福康安领兵抵达廓尔喀关津热索桥。这里两边是悬崖峭壁，前面又有河流阻挡，敌人设碉卡防守，难以攻取。福康安便派兵潜至上游捆木渡河，分兵三股，奇袭敌军。

福康安像

廓尔喀兵败退，清军占卡焚栅，夺桥前进。成德率另一路清军也攻碉夺卡，占据山梁，强夺铁索桥。福康安和成德分别领军夺渡热索桥和铁索桥后，翻越高山，攻占要道，深入廓尔喀境内数百里，很快逼近廓尔喀都城阳布（今尼泊尔首都加德满都）。这期间，孙士毅、和琳、鄂辉、惠龄在前后藏、东西路也源源不断地把粮食、火药等物资运到军前。七月八日，廓尔喀国王感到势穷力竭，表示愿送还所掠扎什伦布寺财定、金塔顶、金册印，并呈献沙玛尔巴骨殖，认罪乞降。

英国出兵·挑起鸦片战争

　　林则徐在虎门销烟之后，传谕外国商人，凡是愿意"永不挟带鸦片"的外国船只，允许入口贸易，许多外国船只，包括一些英国船只，纷纷准备具结入口。英国驻华商务监督义律一面百般阻止英商具结，一面不断派兵船对中国进行武装挑衅。道光十九年（1839）七月二十八日，义律率兵舰在九龙口向广东水师发炮。九月二十八日，义律挑起穿鼻洋海战。穿鼻洋海战及九龙之战、官涌之战等是鸦片战争前中国人民反抗外国侵略者的前哨战。

　　十一月一日，林则徐奉旨停止中英贸易，但仍规定凡遵令具结、查无鸦片的外国商船准入口贸易。十二月一日，中英贸易正式断绝。

1841 年英国军队炮击舟山岛

次年（1840）五月二十九日，英国军舰封锁广州珠江口，第一次鸦片战争正式爆发，懿律等见广州防备严密，遂率军北上。六月，英军炮击厦门被击退，不久又兵犯浙江。由于定海毫无准备，虽知县姚怀祥与总兵张朝发急忙布置抵抗，但是定海很快陷落。英兵在定海大肆奸淫杀掠。十二日，英军封锁宁波及长江口，浙江巡抚乌尔恭额、提督祝彭彪束手无策。二十二日，清廷命福建提督余步云赴浙江会办洋务。二十六日，又命闽浙总督邓廷桢派水师赴浙会剿。七月九日，素来反对禁烟的两江总督伊里布以钦差大臣身份来到浙江。

七月十四日，英舰抵达天津海口，扣留、抢劫海面上的中国粮船，直隶总督琦善不但不予反击，反派人员犒送英军饮食。八月四日，琦善与查理·义律在大沽口海滩帐篷里开始会谈。琦善在谈判中答复英人，只要英船返回广东，就可以满足他们的要求，同时还向英军赠大批物资。八月下旬，英军见压迫清廷屈服的目的已基本达到，同意返回广州。八月二十二日，道光帝任琦善为钦差大臣前往广东，又下谕裁撤兵勇。在琦善和义律谈判的同时，懿律亲自带领兵船，前往渤海湾各地、辽东半岛及山东沿海一带侦察、测量，搜集情报，绘制地图，为以后进一步扩大侵略战争做准备。

三元里人民抗英

道光二十一年（1841）四月，《广州和约》签订后，奕山筹集赔款，日夜搜刮，英军横行乡里，大肆淫掠，激起三元里一带人民群众的义愤。三元里位于广州城北约5里地方。《广州和约》签订前一天的四月六日，广州城北各乡义勇首领齐集牛栏冈，议定联合抗英。九日，盘踞在四方炮台的小股英军窜到三元里一带抢劫行凶，奸淫妇女，抢掠财物，激起村民的义愤，菜农韦绍光等奋起反激，当场击毙英军10余名，其余英军抱头鼠窜。为防英军报复，村民集合于村北三元里古庙，约定以神座前一面三星黑旗为令旗，宣誓"旗进人进，旗退人退，打死无怨"。举人何玉成等士绅联络附近103乡民众共商抗敌大计，并利用"社学"组建了一支由农民、渔民、纺织工人、打石工人及烧炭工人、会党成员、爱国士绅为主力的人民反侵略武装力量。十日，5000义勇兵云集在三元里绅民"平英团"旗帜下，进攻四方炮台。英军司令卧乌古派布尔利少将留守炮台，亲率2000英军出外迎战。义勇兵将英军引诱至牛栏冈一带丘陵地区，将英军团团包围。下午一时，大雨倾盆而下，英军火药受潮，枪炮失灵，仓皇撤退。参战农民将英军分割包围，展开肉搏，计杀死毕霞少校等英军近50名，生俘10余人，缴获大量战利品。义律闻变驰救，亦陷重围。奕山听说此事，惧和议有变，再起战争，立即遣广州知府余保纯前往解围，英军才得以逃脱重围回船。

三元里抗英斗争，是中国人民自发地反抗外国侵略者的第一场大规模战斗，充分显示了中国人民不甘屈服，敢于斗争的英勇气概。

广东三元里抗英纪念碑

太平军北上定都天京

　　咸丰三年（1853）二月十日，太平军攻占南京；二十日决定定都南京，将南京改名"天京"。

　　金田起义后，太平军永安建制，遂决定北伐。在离开广西北上湖南时，起义军内部有不少人产生怀土恋乡的情绪，要求重新打回广西。而以杨秀清为首的起义首领则主张抛开尾随之敌，继续向北前进。于是他们移师湖南，在攻打全州的战斗中，南王冯云山中炮牺牲。他们东进郴州，北攻长沙，在包围长沙的战斗中，西王萧朝贵又不幸遇难。在撤去长沙之围后，太平军北进至洞庭湖边，在那里他们得到数千条民船，队伍迅速壮大并攻占岳州，然后从岳州直赴汉阳和武昌。咸丰二年（1852）十一月十三日，太平军一举攻克汉阳，十九日夺取汉口。在汉阳与武昌之间的辽阔江面上，太平军搭起浮桥，横跨长江。十二月，大军强渡浮桥，初四日攻克武昌城。

南京太平天国王府花园

　　攻占武汉后，针对今后战略，太平军中出现三种意见：一是北进河南，问鼎中原；二是西入巴蜀，再图大举；三是东下江南，占取南京。杨秀清假托"天父下凡，令其直犯江宁"，确定东进的战略方针。当时的形势，向荣率领的清军主力尾随太平军，不敢接战，而长江下游一带的防御非常薄弱。咸丰三年

南京太平天国天王府团龙砖雕

（1853）正月初二，太平军自武汉出发，拥兵50万，战船万艘，顺流东下。水陆两师，沿江并发，长驱直捣南京。随后，太平军连下九江、安庆、芜湖，正月二十九日逼近南京城下。二月初十日，太平军以地雷轰塌南京北城仪凤门，攻破外城，次日攻入内城，整个南京遂为太平军占领。

定都南京，使太平天国有了一块可靠的根据地，对推动太平天国运动的发展起了非常重要的作用。

太平军北伐西征

　　咸丰三年（1853），太平军攻占南京后，派林凤祥、李开芳等率部北伐。四月一日从扬州出发，全军2万多人遵照洪秀全直捣北京的命令，迅速入皖，连克滁州、凤阳、怀远、蒙城、亳州、商丘，进驻朱仙镇。次月，在汜水、巩县渡过黄河，在怀庆摆脱清军，自济源进入山西境内，克垣曲、曲沃、平阳等地；后折回河南，自涉县、武安入直隶，夺临洛关，大败直隶总督纳尔经额所部，八月乘胜北进至保定城南的张登店。北京大震，宣布戒严，清咸丰帝准备逃回热河行宫，官绅逃迁达3万户。九月，北伐军因北面屯有清军重兵，转而东进克沧州，迫近天津。连日攻天津不下，粮弹不继，隆冬缺衣，援军未达，困难重重，决定固守静海待援。次年南撤。李开芳率部分北伐军自直隶连镇抵山东高唐，后又撤至茌平冯官屯。咸丰五年（1855）正月，僧格林沁率清军攻陷连镇，林凤祥被俘遇害。四月，僧格林沁引运河水淹冯官屯，

刻有"太平天国"字样的永安炮台碑文

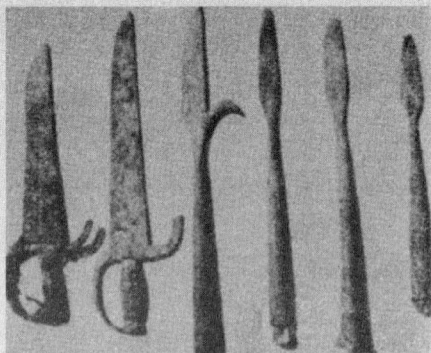

太平军使用的武器

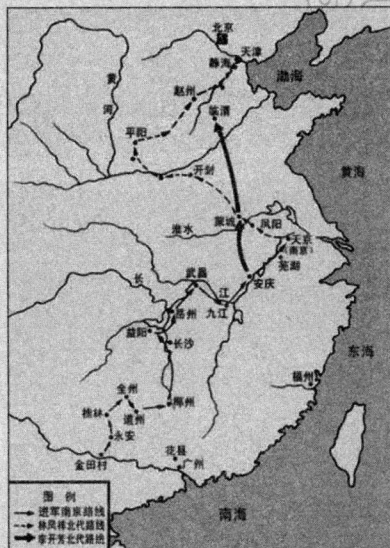

太平军进军路线图

李开芳也被俘遭杀害。北伐虽失败，但太平军驰驱北方六省，震撼清朝心脏地带，对南方太平天国和北方人民的斗争起到了屏障作用。

咸丰三年 (1853) 四月，太平天国在北伐的同时，也派胡以晃、赖汉英率军西征，以夺取长江中游地区，巩固天京。五月，进占安徽池州，沿江而上。接着，克安庆、湖口，围攻南昌。久攻不下，八月撤围北上，克九江、汉口和汉阳，旋即退出。胡以晃率众攻占安徽 22 州县。次年再入湖南，与曾国藩的湘军展开激烈的争夺战。由于湘军的顽强抵抗，太平军丢失汉口、汉阳，退守九江。咸丰四年十一月，太平天国派石达开、罗大纲率军驰援，在湖口和九江大败湘军水师，重克武汉三镇。石达开、胡以晃率众南下江西，围困曾国藩于南昌，攻克江西 8 府 50 余县。咸丰六年初，石达开回援天京，湘军攻陷了一些太平军的占领区。七月，石达开重回西线，进攻武昌。太平军长达 3 年的西征辉煌胜利，取得安徽、江西、湖北东部的大部分地区，控制了长江中游的安庆、九江、武昌三大重镇，为屏障天京奠定了基础。

第二次鸦片战争爆发

咸丰六年（1856），英国以亚罗号事件为借口，于九月二十五日进攻广州，挑起第二次鸦片战争。两广总督叶名琛不事战守，致使英军一度攻入城内，后旋即撤出广州，退据虎门待援。咸丰七年，法国以马神甫事件为借口，与英国组成英法联军，以额尔金和葛罗为英、法全权代表，各率海陆军到达香港。十一月十四日攻陷广州，叶名琛被俘，后解往印度，死于加尔各答监狱。

咸丰八年四月，英法联军集兵舰于白河口外，对清政府进行讹诈，俄、美公使则充当调停人从中要挟。清政府初未就范。四月八日，英法联军攻陷大沽炮台，扬言进犯北京。清政府赶紧派大学士桂良、吏部尚书花沙纳前往议和，五月先后与四国签定了《天津条约》。沙皇俄国还指使东西伯利亚总督穆拉维约夫以武力胁迫黑龙江将军奕山在中俄《瑷珲条约》上签字。

进入北京的英法联军

英法兵舰炮轰大沽炮台

咸丰九年五月，英法美公使拼凑联合舰队北上，武装换约。清政府因大沽设防，指定三国由北塘登陆，去京换约。英法公使蓄意挑衅，坚持从大沽登陆，并向大沽炮台发炮。清军在僧格林沁指挥下奋起还击。英舰队司令何伯受伤，英、法舰队在美舰支援下狼狈撤走。

咸丰十年，英法联军以更大兵力再次入侵。由于僧格林沁在北塘不设防，致使侵略军在北塘顺利登陆。尽管清军进行了英勇抵抗，七月五日，大沽炮台失陷。七月八日，敌兵占领

中英《天津条约》签字。

天津。然后侵略军指向北京，清军在通向北京的要隘张家湾、八里桥一带英勇抵抗，但都遭败绩。八月八日，咸丰帝仓惶逃往热河。侵略军进犯北京，八月二十二日至二十五日圆明园被敌军所焚毁。恭亲王奕訢与英、法分别签订了中英、中法《北京条约》。事后俄使自称"调停有功"，迫使奕訢又与俄签立了中俄《北京条约》。

第二次鸦片战争使中国遭受巨大损失：英占九龙司地方一区；沙俄割去乌苏里江以东约40余万平方公里土地；公使进驻北京，加强了侵略者对清政府的影响和控制；增开口岸内地游历通商、海关雇佣外国人、子口半税、内

第二次鸦片战争中，英法联军攻击天津大沽炮台。

地传教、鸦片贸易合法化和准许华工出国等款，使外国侵略势力由沿海扩展到内地，中国的独立主权又一次受到严重损害。清朝统治阶级在侵略者打拉结合下，终于走向与外强勾结、共同镇压太平天国的道路。

英法联军攻入北京·火烧圆明园

咸丰十年（1860）七月，英法联军一万多名在北塘登陆，僧格林沁所部蒙古骑兵进行英勇反击。在敌人猛烈炮火的轰击下，塘沽、大沽炮台相继失陷。天津因无据可守也很快陷落。

清政府急派大学士桂良等人与敌议和。因侵略者所提条件过高，谈判破裂。咸丰皇帝欲御驾亲征，为群臣所阻。八月，英法联军逼近通州，在八里桥一带展开激战。清军英勇阻击，鏖战三四小时。英军从后包抄，僧格林沁部被击散，将军胜保左颊、左腿中弹落马。最后清军溃败，英法联军进至北京城下。

被英法联军破坏后的圆明园欧洲巴洛克式建筑——远瀛观。

英法侵略军到了北京城外，首先绕道到西北郊的圆明园，抢夺园内的金银财宝，并劫走所有能搬得动的珍贵文物。英使额尔金下令焚毁圆明园。八月二十二日至二十五日，英法联军火烧圆明三园。这个经过清朝100多年经营、凝聚了中国人民血汗、综合中西建筑艺术、聚集古今艺术品而成的壮丽宫殿和皇家园林，顿成废墟。

　　法国大文学家雨果在 1861 年写给朋友的信中愤怒地斥责英法侵略者的罪恶行径：在我们眼中，中国人是野蛮人，可是你看文明人对野蛮人干了些什么！

　　早在英法联军还未入北京前，咸丰皇帝就逃往热河的行宫避暑山庄。当侵略者在北京城外大肆抢劫时，有些官员要求在北京城外与敌决战，此时的咸丰帝，悲愤加恐惧，命自己的异母弟恭亲王奕䜣与敌议和。咸丰十年九月，奕䜣代表清廷与英、法侵略者签订了丧权辱国的《北京条约》。

圆明园三园之一长春园中的欧式迷宫黄花阵（万花阵）。

天京失陷太平天国败亡

同治三年（1864）六月十六日，湘军攻陷天京。

同治三年（1864）正月，李秀成率部进攻曾国荃大营失败，反被湘军攻陷天保城，进而逼向天京东北部太平门及神策门外，形成了对天京的合围，太平军粮源断绝。四月二十七日，洪秀全去世。五月初三日，洪秀全长子洪天贵福即位，为幼天王。月底，地保城也被湘军占领，并借居高临下之势日夜炮击天京，同时挖掘地道准备用炸药轰城。

这时候，城中虽有1万多太平军，但能作战的却不足4000人。面对5万多湘军的日夜猛攻，太平军将士拼死抵抗，先后击毙3名清总兵，杀死清兵无数。六月十六日，天京城墙被炸药轰塌20多丈，湘军蜂拥而入，天京失陷。但是太平军没有一人投降，"至聚众自焚而不悔"。李秀成、林绍璋等人拥幼天王突围出城。曾国荃指挥湘军对城中百姓进行了一场野蛮的大屠杀，"哀号之声达于四远"。

六月十七日，幼天王洪天贵福逃出天京，二十一日到达安徽广德，二十六日由堵王黄文金迎入湖州。因为打算前往江西与李世贤、汪海洋等人会合，十月又回到广德。八月黄文金病逝，余部进入江西。九月二十五日，幼天王在江西石城荒山之中被清军俘获，十月二十日在南昌被害。

太平天国起于广西，发展到江南；太平军西征胜利时，达到鼎盛。天京事变后，太平天国由盛转衰，陷入战略防守的被动局面。太平天国运动历时14年，南北驰骋10多个省，最后在中外反动派的联合绞杀下连连失利，终于败亡。

义和团与联军大战于廊坊

光绪二十六年（1900）五月上旬，开进天津租界内的各国联军已超过2000人。五月十一日前后，各国驻华公使被授予武力镇压义和团的全部权力。他们立即要求在天津的各国部队向北京进发。五月十三日，八国联军正式组成后，制定了占据天津，由铁路进犯北京的计划。

五月十四日，英军中将西摩率联军2000多人，分3批从天津乘火车北进。消息传到北京，董福祥率领的清兵甘军迅速控制了北京车站，准备迎击联军。十五日，前往火车站迎接联军的日本使馆书记官杉山彬，在永定门外被甘军射杀。在联军开往北京的途中，沿铁路线的义和团及民众破坏了铁路，随处拦击侵略军。

当联军到达廊坊时，被蜂拥而来的义和团及民众包围。这些团民和民众直扑联军，将联军团团包围。十八日，联军突围北进，团民继续围堵，面对来福枪和机关枪的扫射，毫无惧色，直逼火车。同一天的下午，义和团又猛攻京津路上已被联军占据的落垡车站，迫使西摩派部分联军回去救援。这一路联军被包围在廊坊和杨村之间，前后两端的铁路都被拆毁，火车无法行进，联军进退不得，供应断绝。二十日，西摩率领部分联军退到杨村，企图改由运河水路向北进犯，被击退。二十三日，西摩由水路逃往天津。二十七日退到西沽，随即又被清军和义和团围住。直到三十日，大队联军赶到，被围的联军才退回天津。

这次战役被称为廊坊之战，义和团大胜，联军被击毙62人，伤228人。

八国联军攻陷天津北京

　　光绪二十六年（1900）五月一日晚，义和团焚烧丰台火车站的消息和京津铁路轨道都被拆毁的谣言，同时传到东交民巷。各国公使感到形势恶化，立即举行会议，一致同意调军队保护各国使馆。第二日，驶达大沽口外的各国舰队先后接到奉命进京的电报，并迅速派出陆战队，由海河乘船到达天津，准备向北京进犯。

　　迫于列强的威逼，慈禧太后命令总理衙门同意奥、英、法、德、意、日、俄、美八国调兵入京，但每一国派兵不得超过30名。这些军队实际上是八国联军的先遣队。五月上旬，进入天津租界内的各国军队已达2000人。五月十三日，各国驻津领事和海军统帅在英国领事贾礼士请求下举行会议。在美国领事的撮掇下，会议决定将在津的八国现有兵力组成进军北京的联军，由在津军队中级别最高的英国人西摩中将为统帅，美国人麦卡加拉上校为副统帅。八国联军正式组成。

　　光绪二十六年（1900）五月二十一日，大沽炮台失陷后，天津义和团和清军就开始攻打紫竹林租界，天津战役由此爆发。五月二十五日，清政府宣

图为1900年八国联军在天津大沽口登陆的情形

布对各国开战。

六月一日，义和团著名首领张德成率"天下第一团"5000多人进入天津，参加战斗。清政府鉴于驻津清军势单力薄，聂士成部武卫前军只有10营驻在天津，于是急调马玉昆、宋庆这些驻山海关的军队到天津增援。义和团和清军攻打紫竹林的战斗整整持续了一个月。

聂士成部是清军中战斗力较强的新军，在租界与联军恶战十多次，斩杀的敌军比其他各军都多。但各国联军从大沽源源进入天津，力量大为增强。六月十三日，聂士成战死，天津防御力量急剧衰退。宋庆接手天津战事后，又伙同马玉昆大肆屠杀义和团，致使天津于十八日失陷。八国联军接着向北京进攻。

光绪二十六年（1900）七月二十日，八国联军侵入北京。凌晨，俄军从东便门攻入，守城甘军占据制高点阻击敌人，激战延续到下午，俄军才占领建国门并从此涌入内城。随后，日军占领朝阳门，英、法、美

义和团民在菜市口刑场被杀

联军进入大清门

等国军队也相继进入北京城。负责防卫的荣禄,以及他所率领的武卫中军和神机、虎神等营几万清军作鸟兽散。二十一日凌晨,慈禧太后挟持光绪帝,微服出德胜门逃离京城。二十二日,北京陷落。

联军入京后,对北京义和团和广大民众进行了残暴的屠杀,城内尸积遍地,腐肉白骨纵横。联军还在城中肆意放火,凡设过拳坛的王公府邸、寺观和民宅,都放火焚烧,使昔日金碧辉煌的北京城,一变而为到处破墙残垣、满眼荒野萧条。大批珍贵图书档案遭到焚毁和劫掠。

同年的十一月三日,各国驻华公使团以同文照会形式,将《议和大纲》12 条交清政府议和大臣,转达西安行在。该《大纲》提出一系列苛刻条件,要求惩处罪魁,赔偿损失,撤销军事设施,开放北京至渤海通道等。李鸿章等议和大臣,为保慈禧太后的地位,在谈判过程中,不停奔走于各国公使之间。六日,慈禧太后发布谕诏,同意所有 12 条大纲。又按各国公使要求,在谕诏上加盖御玺,作为照会副本,光绪二十七年(1901)十一月二十六日分送各使馆,正式生效。

联军在乾清宫内

同盟会举行起义

光绪三十二年（1906）起，同盟会在各地组织发动了多次起义。

同盟会成立后，便谋划在长沙流域联络会党，准备发动武装起义。由于湖南会党势力强大，又深受排满思想的影响，起义首先在湘赣边界爆发。起初同盟会派刘道一、蔡绍南从日本回湖南展开活动，在萍乡、浏阳、醴陵一带联络会党，成立了以龚春台为首领的洪江会。光绪三十二年（1906）十月十九日，龚春台发动萍浏醴起义，宣告推翻清专制政体，建立共和民国，实现地权平均。但不久起义被清军镇压，蔡绍南、刘道一等首领 10 人死难，会众万余惨遭杀害。这次起义影响深远，此后同盟会又在全国各地相继发动起义。

光绪三十三年（1907）四月十一日，黄冈起义爆发。仓促举事的起义军 700 余人于次日攻占广东潮州饶平县黄冈镇，擒杀当地清军首领。陈涌波、余既成以革命军正、副司令名义发布檄文，宣布同盟会宗旨。由于革命军起义仓促，主要领导人许雪秋尚在香港，内部意见纷纭，又未集中兵力迎敌，虽经多次激战，终因寡不敌众、粮械缺乏而于十六日解散。此次战役起义军战死 94 人，被捕 60 余人，余既成等逃亡香港。

同年四月二十二日，同盟会会员邓子瑜闻黄冈猝然举事，立即派人集合三合会党众，在惠州府归善县七女湖发动起义，起义军与清军激战 10 余日，屡败敌军。但由于黄冈起义失败后别处并无响应，惠州革命军孤立无援，邓子瑜被迫在梁化圩解散队伍，将武器埋于地下。起义军大部分隐入罗浮山区，小部分逃亡香港。此后，同盟会又发起组织了一系列的起义，比较著名的有：光绪三十三年七月二十六日，同盟会员王和顺等发动的钦廉防城起义；同年十月二十七日，同盟会领导的镇南关起义；次年三月二日，同盟会黄兴领导发动的马笃山起义和四月一日发动的河口起义。上述起义在清廷优势兵力的镇压下，均先后失败。

李烈钧讨袁·二次革命爆发

　　1913年7月8日，李烈钧委任林虎为讨袁军左翼司令，任命方声涛为右翼司令，任命何子奇为湖口守备司令。当日晚，林虎向所部下达了攻击令。李烈钧令要塞鸣炮，宣布独立，并发布讨袁檄文，通电宣布约法三章："一、誓诛民贼袁世凯；二、巩固共和政体；三、保障中外人民生命财产。"13日，江西省议会开会，推举李烈钧为讨袁军总司令，欧阳武为都督，贺国昌为省长，唯欧阳武称病不出。

　　7月12日，赣军左翼林虎以一团兵力猛烈攻击沙河北军左翼，打响了战斗。

　　7月14日夜，黄兴由沪抵宁，当晚召开军事会议，部署讨袁独立和作战计划。翌晨，八师士兵开入都督府，江苏都督程德全从睡梦中惊醒。黄兴率南京高级将领入府会见程，说明讨袁大义。程遂附和独立讨袁，即请随黄来宁的章士钊起草讨袁通电，以程德全、应德闳、黄兴三人的名义，宣布江苏独立，并委任黄兴为江苏讨袁军总司令。

　　7月16日，黄兴、柏文蔚等在南京开军事会议，会间举岑春煊为各省讨袁军大元帅。18省代表一致投票选举岑春煊为讨袁军大元帅，

护国军领袖之一李烈钧（1882～1946），1913年7月，打响了"二次革命"第一枪。

并规定"凡各独立省份都督及讨袁军总司令一律归其节制"。

7月22日，孙中山在上海发表讨袁通电，称"全国流血之祸，系于袁氏一人之身，……今袁氏种种违法，天下所知，东南人民迫不得已以武力济法律之穷，非惟其情可哀，其义亦至正。"并号召各方促袁早日辞职，"以息战祸"。

当天，孙中山又电袁世凯，劝其辞职。

二次革命是全国各种势力反对袁世凯篡夺革命果实的努力，缺乏统一纲领和领导，后在袁世凯的镇压下迅速瓦解。

蔡锷出逃·掀起护国战争

1915年10月下旬，蔡锷在天津与梁启超等人具体议定军事讨袁计划后，一直在京寻机南下。他自知一举一动都有密探监视，恰巧喉病初起，于是以此为借口，他于28日试探性地呈请袁世凯给假5天。袁不知是计，据呈照准了。11月3日，假期届满，蔡锷一面"遵即销假，趋公照常办事"，一面又以"病势日益加剧，精力实有支"为由，再上一呈，要求续假，"赴津就医"。袁仍不疑，欣然批准，而蔡到天津后即伺机逃去。

12月初，蔡锷安抵日本东京。同学往见者，皆不肯见。住所亦无一定，往来飘忽，不可捉摸。直到离日前夕，他才致袁一电，首次对帝制提出异议。

蔡锷（1882～1916），湖南邵阳人。1915年12月，在云南组织护国军起兵讨袁，后任四川督军兼省长。病逝于日本。

随后，即在石陶钧、张孝准等人周密布置下，悄悄离开日本，经上海、香港转赴越南河内，直奔云南。

21日，唐继尧在其寓所召集有蔡锷、李烈钧、任可澄等云南省内外重要人士参加的紧急会议。与会者议决举义步骤如下：（1）先以唐继尧、任可澄名义致电袁世凯，令其取消帝制；（2）届时无圆满答复，即以武力解决之。公决唐留守，任中华民国云南都督府都督，兼中华民国护国军第三军总司令官；蔡出征，任中华民国护国军第一军总司令官，并推李烈钧任中华民国护国军第二军总司令官兼筹饷总局总办。决定，第一军北出四川，第二军东进广西，第三军居中策应，以四川为战略进攻的重点。

12月23日夜11时，由唐继尧、任可澄署名的反帝制电报正式发出。要求立将杨度、严复、刘师培、段芝贵、周自齐、梁士诒等12人"即日明正典刑，以谢天下；涣发明誓，拥护共和"，并以云南军民"痛愤久积，非得有中央永除帝制之实据，万难镇劝"为词，限25日10时以前答复。及25日期满，未见袁世凯的答复，唐继尧、任可澄、刘显世、蔡锷、戴戡遂联名发出二次通电，称袁世凯既为"背叛民国之罪人，当然丧失总统之资格"，并宣布"深受国恩，义不从贼，今已严拒伪命，奠定滇黔诸地，即日宣布独立"。

12月27日，唐继尧、蔡锷、任可澄、刘显世、戴戡及军政全体发布讨袁檄文，历数袁世凯辛亥革命以后不仁、不义、不智、不信、不让等丑行。同日，唐、任并照会英、德、法、俄、日等国驻华公使、领事，发表五点声明。护国战争爆发了。

12月26日，护国军第一军总司令部在昆明八省会馆正式成立。总司令部成立后，所辖各部队分路向四川进发。左翼刘云峰率邓泰中、杨蓁两支队于27日首先出发。

护法运动展开

张勋复辟引起全国上下一致反对。1917年7月2日，段祺瑞与徐世昌偕同靳云鹏、梁启超、汤化龙等人从天津乘汽车赶往马厂，确定以驻马厂的八师发起讨伐张勋的军事。与此同时，段派人运动驻廊坊的冯玉祥十六混成旅。

3日，驻保定第三师师长曹锟也参加讨逆军。当日，段在马厂召集军事会议，组成"讨逆军总司令部"，自任总司令。段祺瑞向全国发出反对复辟的通电。4日，段祺瑞、冯国璋联名通电，列举张勋等人破坏民国的八大罪状，宣布讨伐。同日，段芝贵自马厂誓师出发。

7月2日，广东省长朱庆澜邀请孙中山组织军政府。7月6日，孙率海琛、应瑞舰离沪赴粤，章太炎、朱执信、廖仲恺、陈炯明等同行。17日到达虎门，旋改乘江固舰抵黄埔。

19日，孙中山通过津、沪各报邀请国会议员南下护法，召开国会，以行"民国统治之权"。

21日，程璧光与第一舰队司令林葆怿率舰队自吴淞口开往广东，唐绍仪、汪精卫等同行。行前在沪发表《海军护法宣言》，宣布海军讨逆三大目标。

7月3日，冯国璋通电指斥张勋"逼勒清帝，擅行复辟"，表示要"誓扫妖氛，恭行天罚，刻日兴师问罪，殄此元凶"。

湖南督军谭延闿、湖北督军王占元、浙江督军杨善德、直隶督军曹锟、贵州督军刘显世、广东督军陈炳焜、山西督军阎锡山、山东督军张怀芝、河南督军赵倜、福建督军李厚基等也相继发表通电，反对复辟。

7月12日，讨逆军三路5万人总攻北京，张勋逃往荷兰使馆，"辫子军"全部投降。

在天津进行幕后策划的段祺瑞，立即重掌北洋政府大权，迎冯国璋代理大总统，并于8月14日对德宣战。段以"再造共和"自居，拒绝恢复《临时

张勋复辟失败后，冯国璋（右）代行总统职，段祺瑞重任国务总理，段仍控制实权。

约法》和国会，1918年2月纠集官僚政客组成新国会（安福国会），选举徐世昌为大总统。

为恢复《临时约法》及国会，孙中山发动护法运动。他率领宣布脱离北洋政府的海军于1917年7月由上海到广州，联合两广、云贵地方实力派，召开国会非常会议，于9月组成中华民国军政府。孙中山任海陆军大元帅，云南督军唐继尧和两广巡按使陆荣廷为元帅。护法政府拟由湖南进军北伐。

9月18日，湘南宣告独立，组成护法军湘南总司令部，程潜为总司令。

至此，以南北对峙为主要形式的护法战争正式拉开了战幕。

15日，护法军在北军撤出衡山后，向北推进，连克湘潭、株洲，直趋长沙。王、范被迫逃往岳阳。18日，湘军第一师师长赵恒惕抢先进入长沙，21日，程潜赶到长沙。第二天，湖南各界代表会议公举陆荣廷为湘粤桂巡阅使，谭浩明为湖南督军，程潜为省长。24日，程潜就任湖南省长。

11月1日，川边屯殖使张煦在西昌宣告独立，并致电军政府大元帅孙中山，表示"拥护真正之共和"。3日，颜德基以"四川靖国临时司令"名义，在绥定通电独立，宣布与西南一致行动。11月25日，焦子静等在陕西白水县通电宣布自立，筹建陕西护法军。11月26日，宁波驻军通电宣告自主。同日，温州、处州宣布独立，与宁波取一致行动。绍兴、台州、严州等处也随之响应，或宣告独立，或声称自立。陆荣廷等为了和北洋军妥协，操纵非常国会于1918年5月改组并控制了军政府，迫使孙中山辞去大元帅，离粤赴沪。

第一次出任大总统的黎元洪

段祺瑞重任总理后，拒绝恢复《临时约法》和召集国会，为此，孙中山提出打倒假共和，建设新共和的"护法运动"，得到桂军和滇军首领陆荣廷、唐继尧，海军总长程璧光的响应。1917 年 8、9 月间，在广州召开国会非常会议，通过《中华民国军政府大纲》，选举孙中山为海陆军大元帅。

直皖大战·军阀混战开始

　　袁世凯死后，北洋集团失去统帅，内部权利之争日趋激烈，逐渐形成皖、直、奉三大系，以段祺瑞为首的皖系虽然把持中央政权，从日本得到大量借款，编练参战军，显示出比较雄厚的实力，但他没有能力控制整个北洋派，追随段的地方实力派只有安徽、山东、浙江、福建等省。以冯国璋为首的直系，主要在直隶及长江中下游地区（包括江苏、江西、湖北）。1919 年冯国璋病

吴佩孚（右）与张作霖合影

死，曹锟和吴佩孚继承了首领地位。奉系首领张作霖则割据奉天、吉林、黑龙江三省。在南方则有唐继尧为首的滇系军阀和陆荣廷为首的桂系军阀。此外，还有许多割据一省或一地的小军阀。除南北之间长期对峙的冲突外，军阀内部为争夺政权或扩大地盘而连年混战。

1920年7月发生直皖战争。1918年段祺瑞对南方用兵，推行武力统一政策，加剧了直皖两系的对立，使双方矛盾公开化。段企图利用直系军队进攻湖南，坐收渔利。而攻入衡阳的吴佩孚则暗中与南方桂系首领陆荣廷谈判。1918年8月通电主和，指责皖系亲日卖国。次年秋，鉴于皖系扩军备战，直系遂联络奉系组织八省同盟。陆荣廷等也决定"联直倒皖"，秘密向吴佩孚提供物资，促其北撤。1920年5月吴自衡阳领兵北上，直达保定。1920年7月，段祺瑞组成"安国军"与直系军在直隶北部兵戎相见。奉军入关助直，皖军一败涂地。直奉两系控制了北京政府。直鲁豫巡阅使曹锟坐镇保定，以胜利者自居，俨然成为北京政府的太上皇。

冯玉祥发动政变·孙中山北上

1924年10月，第二次直奉战争爆发后，直系将领冯玉祥率部进驻古北口，担任左翼作战军第三军总司令。冯与直系援军第二路司令胡景翼、京畿警备副司令孙岳秘密策划倒戈反直。

21日，冯玉祥命鹿钟麟率部以昼夜200里的速度驰赴北京。

鹿钟麟入城后，把北京全城控制在手中。6时许，他请孙岳派人将总统府卫队缴械，并囚禁了曹锟。整个政变过程，没有费一枪一弹，没有惊扰一个北京市民。

带兵进宫的北京警备司令鹿钟麟

在"北京政变"期间，冯玉祥部在滦平召开军事会议时合影。

　　同日，冯玉祥、胡景翼、孙岳联名通电主和，同时要求曹锟下令停战，免去吴佩孚本兼各职。10月24日，冯玉祥召集胡景翼、孙岳、黄郛、王承斌等举行会议，一致决定立即电请孙中山北上主持国家大计，并商定先请段祺瑞入京维持局面；在孙、段入京前由黄郛组织内阁，处理政府事宜。会议还决定将冯、胡、孙所部定名为中华民国国民军，暂编三个军，推冯玉祥为总司令兼第一军军长，胡景翼为副司令兼第二军军长，孙岳为副司令兼第三军军长。会后，冯等联名电请段祺瑞任国民军大元帅，并联合奉系军阀张作霖，推举段祺瑞为北京临时政府执政。10月25日发出通电，请孙中山北上，共商国是。

　　11月10日，孙中山发表《时局宣言》并决定北上。孙在《时局宣言》中提出"召集国民会议，以谋中国之统一与建设"。11月13日，孙中山偕宋庆龄等乘永丰舰离广东北上。14日抵香港，17日抵上海。21日，孙离上海。23日，抵日本长崎，日本记者、政学各界及中国留学生约300人登船欢迎。孙中山答记者说："中国革命的目的和俄国相同，俄国革命的目的也是和中国相同，中国同俄国革命，都是走一条路。"30日，孙中山离开神户赴天津。

国民革命军誓师北伐

1926年7月9日，国民革命军在广州举行北伐誓师典礼。5月初，国民革命军第四军叶挺独立团和第七军第八旅第十五团，分别自广东肇庆和广西桂林挺进湖南，援助唐生智，揭开北伐序幕。6月4日，国民党中央执行委员会临时全体会议通过国民革命军出师北伐案。6月5日，广

蒋介石在北伐誓师大会上发表讲话。台上左一为蒋介石。

州国民政府任蒋介石为国民革命军总司令。6月28日，蒋介石命第四军第十、第十二两师自韶关出发援湘。

7月1日，蒋介石发布北伐部队动员令。7月4日，国民党中央临时全体会议通过《国民革命军北伐宣言》。7月9日，在广州东校场隆重举行蒋介石就任国民革命军总司令和国民革命军北伐誓师大会。党政军负责人和各界民众5万余人参加大会。国民政府代主席谭延闿授印，国民党中央党部代表吴稚晖授旗，蒋介石谨受宣誓毕，致答词，并举行阅兵式，由李济深任总指挥，张治中任司礼。蒋介石发表宣言、通电和告广东军民书等。蒋介石以国民革命军总司令名义，宣告北伐战争正式开始。

同日，国民革命军总司令部成立。由蒋介石制定、国民政府颁布的《国民革命军总司令部组织大纲》规定，凡国民政府下之陆、海、空各军，均归其统辖；国民革命军总司令，对国民政府与中国国民党，在军事上完全负责并兼任军事委员会主席；出征动员令下后，即为战争状态。凡国民政府所属军、

民、财政各部机关，均须受总司令指挥，秉其意旨，办理公事。

　　7月11日，国民革命军进占长沙。国民革命军自出师以来，进展迅速。7月6日，国民革命军第七、第八军在湘潭以西强渡涟水，攻占娄底镇；9日晨，湘军向常德、长沙溃退。7月9日，国民革命军第八军占领湘乡，7月10日进占湘潭市，7月11日占领长沙。

第一军军长何应钦

第二军军长谭延闿

第三军军长朱培德

总参谋长兼第四军军长李济深

第五军军长李福林

第六军军长程潜

第七军军长李宗仁

第八军军长唐生智

上海工人第三次武装起义

1927 年，在北伐节节胜利的形势下，上海工人发动第三次武装起义。这次起义吸取了前两次起义失败的教训，组织严密，行动迅速，获得成功，有力地支援了北伐军。

3 月 21 日，上海工人发动第三次武装起义。

武装起义由中共中央军委书记兼江浙区军委书记周恩来任总指挥，同中共江浙区委负责人罗亦农、赵世炎一起负责领导工作。为确保武装起义胜利，上海区委组织 5000 人的纠察队，秘密进行政治、军事训练。派一部分工人打入敌人的"保卫团"，掌握一部分武器，借敌人的训练和装备，扩大工人纠察队的武装和军事素质。又在市民、特别是贫苦市民中进行广泛细致的政治工作。并根据敌人所在地区力量的强弱，划分了 7 个作战区域，规定了各区工人纠察队的任务，将敌人兵力较强的闸北区作为起义进攻的重点区。起义前十天，铁路工人中断了铁路运输，使北洋军阀在上海的警备司令毕庶澄部 3000 人和当地警察 2000 人处于孤立无援的境地。

3 月 21 日，中共上海区委于上午 9 时正式作出发动第三次武装起义的决定。

上海武装起义胜利后，建立了上海特别市临时市政府。图为 1927 年 3 月 23 日，市政府召开第一次执行委员常务会议时合影。右起，前排：汪寿华（共产党员）、杨杏佛、王晓籁、罗亦农（共产党员）、王景云、何洛；后排：王汉良、丁晓先、郑毓秀（女）、顾顺章（共产党员）、侯绍裘（共产党员）、林钧（共产党员）。

第三次上海工人武装起义时，邮务工人驱车闸北参战。

周恩来作为中共中央军委书记和中共上海区委（又称江浙区委，管辖上海、江苏、浙江等地党组织）军委主任，直接指挥了上海工人第三次武装起义。

中午12时起，在周恩来等的领导下，上海80万工人开始罢工，学生开始罢课，商人开始罢市。总罢工实现后便马上转入武装起义。

武装起义以工人纠察队为先锋，按照预定计划攻打各警署和兵营。起义工人攻下市电话局、电报局，占领警察局和兵营。在战斗中，市民奋勇助战，为起义工人修筑工事；大小饭店的店员赶制食品，供应前线；袖带红十字的男女济难会员奔跑于前线和后方，救护起义的伤员。在工人武装的强大攻势下，敌人挂起白旗缴械投降。

21日晚，各路起义武装先后占领南市、沪东、沪西、浦东、虹口、吴淞六个区，只有闸北仍在激战。22日晚6时，起义工人攻占上海北站，消灭了闸北最后据点。这次武装起义有300多位工人牺牲，1000多人负伤。

22日，上海市民代表会议召开，宣布上海特别市临时政府成立。

南昌起义

1927 年 8 月 1 日 2 时，在周恩来、贺龙、叶挺、朱德、刘伯承的领导下南昌起义开始。

起义总指挥部设在江西大旅社，按照中共前委的作战计划，由贺龙指挥的第二十军第一、第二师，向旧藩台衙门、大士院街、牛行车站等处守军发起进攻；由叶挺指挥的第十一军第二十四师向松柏巷天主教堂、新营房、百花洲等处守军发起进攻。经 5 个小时的激战，全歼守敌 3000 余人，缴获各种枪 5000 余支，同日下午，驻马回岭的第二十五师第七十三团和第七十五团，

南昌起义时的贺龙。贺龙（1896～1969年），湖南桑植人。1926 年参加北伐，历任国民革命军第 9 军第 1 师师长、第 20 军军长等职。南昌起义时任总指挥，同年加入中国共产党。1934 年与任弼时领导的红 6 军团会合后，开辟了湘鄂川黔根据地。历任红 2、6 军团总指挥，红 2 方面军总指挥等职。

叶挺（1896～1946 年），广东惠阳（今惠州）人，保定军校毕业，1921 年任孙中山卫队团营长。1924 年加入中国共产党，同年去苏联学习。1925 年回国，任国民革命军参谋处处长，第 4 军独立团团长。1926 年北伐开始，独立团为先遣队。北伐军进入武昌后，升任第 11 军第 24 师师长兼武汉卫戍司令。南昌起义中任前敌总指挥，第 11 军军长。

在聂荣臻、周士第率领下参
加起义，于2日拂晓开到南
昌，与主力部队会合。

起义部队沿用"国民革
命军第二方面军"的番号，
由贺龙兼代总指挥，叶挺兼
代前敌总指挥，刘伯承任参
谋长，郭沫若任政治部主任。
下辖3个军：第十一军由叶
挺任军长，聂荣臻任党代表;

部分参加南昌起义的人员抗日战争时期在皖南合影。右起：
1为陈毅，2为周子昆，3为宋裕和，4为粟裕，5为李一氓，
6为叶挺，8为袁国平，9为朱克清。

第二十军由贺龙任军长，廖
乾吾任党代表；第九军由韦杵任军长（未到职），朱德任副军长，朱克靖任
党代表。

南昌起义打响了共产党武装斗争的第一枪，是中国共产党拥有独立的武
装力量的开始。

周恩来（1898～1976年），祖籍浙江绍兴，
生于江苏淮安。

南昌起义时的朱德。朱德（1886～1976
年），四川仪陇人。

毛泽东领导秋收起义

　　1927年8月7日，中共中央在汉口召开紧急会议，纠正和结束了陈独秀右倾投降主义路线，并决定在湘、鄂、赣、粤四省趁秋收时节发动农民暴动。毛泽东以中央特派员的身分到湖南领导湘赣边界秋收起义。

　　9月初，毛泽东在安源张家湾召开军事会议，将参加起义的武装编为工农革命军第一军第一师，卢德铭为总指挥，余洒度为师长，下辖3个团，起义总兵力达8000人。

　　9月9日，湘赣边界秋收起义爆发。起义部队分3路向长沙进攻。第一、

参加秋收起义的部分人员于1937年在延安合影。左起，前排：赖传珠、张宗逊、张开楚、赖毅、谭冠三；后排：杨立三、陈伯钧，毛泽东、龙开富、周昆、谭希村、罗荣桓、谭政、刘型、杨梅兰、胡友才，以及参加过井岗山斗争的毛泽东的夫人贺子珍。

1927 年 9 月 29 日，起义部队约 1000 人到达江西永新县
三湾村，前委决定进行改编，由一个师缩编为一个团，
在部队中建立了中共各级组织，把支部建在连上。图为
部队在三湾进行改编的地方。

第四两团从修水出发，向平江进军，经长寿街时，由于第四团叛变，第一团腹背受敌，损失较大，被迫撤出战斗，向浏阳方向转移。10 日，第二团在安源起义，攻占醴陵、浏阳县城。11 日，第三团在毛泽东领导下于铜鼓起义，占领白沙镇和东门市。鉴于 3 路进攻部队均受挫，毛泽东命令各团向浏阳县城东南之文家市集中。

19 日，工农革命军 3 个团的余部陆续到达文家市集中。当晚，中共前委召开会议，同意毛泽东提出的放弃攻打长沙，沿罗霄山脉南移，寻求立足点的计划。

邓小平发动百色起义

　　1929 年 12 月 11 日，中共中央代表邓小平和共产党人张云逸、雷经天、韦拔群等，领导在共产党掌握和影响下的广西警备第四大队、教导队和右江农民军，在广西右江百色县举行起义，占领了右江区域内的百色、田东等十余县，建立了红军第七军，张云逸任军长，邓小平任前委书记兼政委。接着，红七军在平马召开右江工农兵代表大会，成立了以雷经天为主席的右江苏维埃政府。

1929 年 12 月到 1930 年 2 月，中共中央代表邓小平（邓斌）和张云逸、雷经天、俞作豫、李明瑞、韦拔群等，领导广西警备第 4、5 大队、教导队和右江农民军，先后举行百色起义和龙州起义，建立了中国工农红 7 军和红 8 军。邓小平（1904～1997 年），四川广安人。1924 年加入中国共产党。曾任中共中央秘书长。起义后任中共广西省委前敌委员会书记兼红 7、红 8 军政治委员。

张云逸（1892～1974 年），海南文昌人。

红军开始长征

　　1934年10月，中央红军主力及中央机关共8.6万余人，从福建长汀、宁化和江西瑞金出发，开始长征。

　　"九一八"事变以后，日本连续进攻中国，东三省沦陷，华北落入日本控制。对日本侵略者奉行退让政策的蒋介石，对共产党领导下的革命根据地却不断发动军事"围剿"。1933年7月，他在庐山举办军官训练团，聘请德国军事顾问和教官，训练了大批军事人员；并于9月集中了100万军队、200架飞机，向革命根据地发动了第五次军事"围剿"。其中用于进攻中央革命根据地的兵力就有50万。当时，由于共产党内"左"倾冒险主义在中央占了统治地位，致使国民党统治区的共产党组织遭到严重破坏。1933年初，中共临时中央局被迫由上海迁入中央革命根据地。为了全面推行左倾错误路线，他们开展"反右倾机会主义"的斗争，借此排斥毛泽东所代表的正确路线，终于导致第五次反"围剿"战争的失败。1934年10月，中央红军主力及中央机关共8.6万余人，从福建长汀、宁化和江西瑞金出发，开始长征。

　　1934年5月16日，国民党东路军第十纵队第八十八师孙元良部，在其北路军第三、第八纵队和空军的配合下，攻占建宁。其后，红军在古龙冈以北地区多次进行反击作战，均未奏效。中央红色根据地日见缩小。鉴于广昌失守后，国民党

长征前的红军队伍

军已开始迫近中央苏区腹地，从事内线作战已十分困难，中共中央书记处在瑞金召开会议，决定红军主力撤离中央苏区，进行战略转移，并将这一决定请示共产国际批准。

7月，中共中央令红七军团组成"中国工农红军抗日先遣队"。7月6日，红七军团从瑞金出发。7月15日，中华苏维埃共和国中央政府、中国工农红军革命军事委员会发表《为中国工农红军北上抗日宣言》。宣言说，苏维埃政府和工农红军绝不能坐视中华民族沦亡于日本帝国主义的侵略，故在同国民党优势兵力决战的紧急关头，苏维埃政府和工农红军不辞一切艰难，以最大决心派遣抗日先遣队北上抗日。

10月10日夜间，中共中央和红军总部悄然从瑞金出发，率领红一、三、五、八、九军团连同后方机关共8.6万余人进行战略移。

10月10日，根据中共中央对于主力红军退出中央根据地后的部署，苏区中央分局、中央军区、中华苏维埃共和国中央办事处成立。苏区中央分局由项英、陈毅、贺昌、邓子恢、张鼎丞、谭震林、梁柏台、陈潭秋、毛泽覃、汪金祥、李才莲等组成，项英任书记，直接指挥红军第二十四师和独立三、七、十一团及赣南军区、闽西军区的地方部队，共计三四万人兵力，坚持游击战争，保卫苏区。

10月16日，中央红军南渡贡水，19日全部进入突围集结地域。

21日，中央红军从王母渡、新田之间突破国民党军的第一道封锁线。

11月5日，红一方面军进入汝城、城口间第二道封锁线。

8日，红一方面军全部通过第二道封锁线。

11日，红一方面军攻占宜章县城，越过粤汉路进入浆水、麻田、梅田，次日经香花岭向临武、嘉禾推进，开始冲越第三道封锁线。至15日，由良田至宜章间全部通过国民党军第三道封锁线，进至临武、蓝山、嘉禾地域。随后兵分两路西进，先后占领道县、江华，渡过潇水。

12月1日，中共中央机关和红一方面军主力全部渡过湘江，突破了国民党军第四道封锁线。但红五军团第三十四师、红三军团第六师第十八团因未能过江，全部被歼；红八军团被击溃，仅剩1/10。至此，红一方面军从长征开始时的8.6万人锐减为3万人。

红军到达陕北·长征结束

1935 年 9 月 16 日，陕甘支队抵达甘肃南部的天险腊子口。国民党军鲁大昌部 3 个团据险阻击红军前进。当天，红军正面强攻，未能突破国民党军防御阵地。17 日，红军两个连攀悬崖陡壁，穿插国民党军侧背，一举将守军击溃。天险腊子口突破后，中央红军进入甘南开阔地带，北上陕甘地区的通道开辟出来了。

22 日，毛泽东等在哈达铺期间，通过国民党的报纸了解到陕北红军的大致情况。

27 日，中共中央政治局在榜罗镇召开会议，正式决定以陕北作为领导中国革命的大本营。

9 月 16 日，红二十五军与陕甘红军会师。

10 月 19 日，红军陕甘支队到达陕甘革命根据地的保安县吴起镇。至此，中共中央、红一方面军主力历时一年的长征结束。途经福建、江西、广东、湖南、

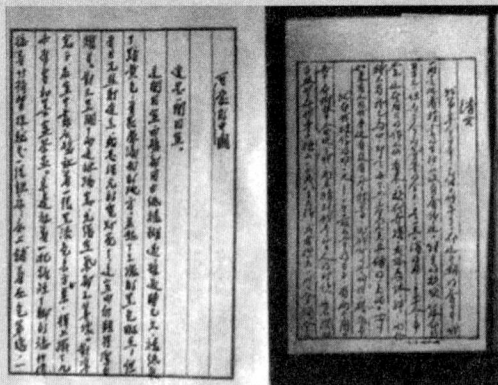

方志敏在狱中写的《可爱的中国》和《清贫》的手稿

广西、贵州、云南、四川、西康、甘肃、陕西 11 个省，行程二万五千里。

　　一年前，红一方面军撤出中央苏区踏上长征路途时，有近 10 万之众，而到达陕北的陕甘支队，人数不满 8000。

　　11 月 23 日，中央红军和陕北红军联合作战，发动直罗镇战役。中央红军到达陕北后，蒋介石调集东北军 5 个师的兵力，分两路向红军大举进攻。毛泽东决定集中兵力，先在直罗镇地区摆下"布袋阵"。是日，东北军一〇九师被诱入直罗镇，红军主力分南北两路夹击，全歼该师，活捉师长牛元峰，同时又在阻击援兵中歼灭敌一〇六师 1 个团，取得直罗镇战役的胜利。

方志敏（1899 ～ 1935），江西弋阳人。1935年 1 月 24 日在江西德兴与国民党军作战时，因叛徒出卖而被捕，1935 年 8 月 26 日在南昌被害。图为方志敏在狱中。

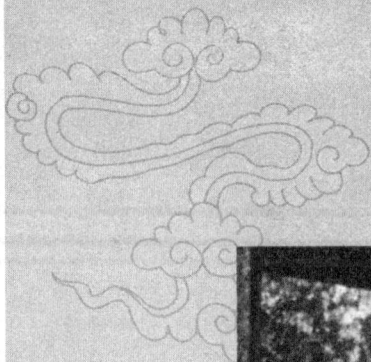

红军主力长征后，瞿秋白留在根据地。1935年2月，
在福建长汀突围时被俘。同年6月18日在长汀被害。
这是他被害前留影。

长征到达陕北的红四方面军部分人员

长征到达陕北后的（右起）毛泽东、朱德、周恩来、秦邦宪

台儿庄大捷和徐州会战

1937 年 12 月日军占领南京、济南以后，企图沿津浦线对进，南北夹击，会攻徐州，以便沟通南北战场，进而击破陇海路我军防线，夺取郑州，武汉等地。

我国以李宗仁为第 5 战区司令长官，指挥我军同日本侵略者在以徐州为中心的津浦路南北的广大地域上，展开了一场大会战。

李宗仁在台儿庄车站留影

徐州会战共有 3 个阶段。第一阶段是津浦路沿线的初期保卫战。这一阶段，日军以津浦线南段为主攻，北段为助攻，向徐州推进。我军李品仙部第十一集团军、廖磊部第二十一集团军、于学忠部第五十一军等奋勇作战，阻敌于淮河南岸，使日军南北不能配合。津浦路北段保卫战，原由第 5 战区副司令长官兼第三集团军总司令韩复榘指挥，但他违反战时军法，擅自撤退，致使日军沿线长驱直入，遂任命韩部孙桐萱为第三集团军总司令，指挥所属部队反击，孙震部第二十二集团军也急调增援，双方血战一个多月，形成对峙状态。

第二阶段即台儿庄大战。台儿庄，位于津浦路台枣（庄）支线及台潍（坊）公路的交叉点，扼运河的咽喉，是徐

中国军队冲入台儿庄巷歼灭残敌

州的门户。日军由于前一阶段在津浦路南北的侵犯都无法进展，便改谋先攻下台儿庄，再围取徐州。1938 年 3 月中旬，北线日军分左右两翼，向台儿庄进犯。左翼日军第 5 师团，自青岛崂山湾、福岛登陆后沿胶济路西进，以坂本支队向临沂猛攻。我军以庞炳勋第 3 军团第四十军马法五师等部坚守临沂，调张自忠第 59 军，于 3 月 14 日向日军侧翼反击。经数日激战，有效地阻击了敌人，使日军攻占临沂的企图终未得逞。右翼日军第 10 师团濑谷支队沿津浦路南下，进攻滕县。我军第二十二集团军一百二十二师与敌血战两昼夜，师长王铭章以下大部殉国。日军在攻陷滕县后移军东向，沿枣台支线进攻台儿庄。3 月 23 日，日军开始猛攻台儿庄。我军第二集团军池峰城率三十一师官兵坚守台儿庄城寨，与敌炮火、坦克相拼，至死不退，后又加入二十七师等部，于城外与日军浴血近战，反覆肉搏冲锋，还组织敢死队夜袭。日军因第十师团伤亡惨重，便命临沂方向的败军第五师团坂本支队放弃进攻临沂，加入台儿庄方面作战，被我军击破。4 月 3 日，第五战区指挥汤恩伯部第二十军团由东向西、第二集团军由南向北、孙桐萱部第 3 集团军由北向南，大举反攻。日军遭我内外夹击，死伤枕藉，至 7 日夜，除小部突围逃跑外，大部被歼。此役、我军摧毁了日军第五、第十两个师团之精锐部队，歼灭日军1万余人，缴获了大批武器和装备，这是我国抗战以来正面战场取得的最重大的胜利。

徐州会战的第三阶段是我军主动突围。1938年4月，日本大本营震惊于台儿庄战役的失败，调整部署，调集侵华华北方面军、华中派遣军共30万兵力，分6路对徐州进行四面合围。我军为了避免被优势之敌围攻，摆脱不利态势，保存有生力量以利持久战，立即作出放弃徐州，向豫、皖边界突围的决定。我军各部队在各线予敌人相当杀伤之后，除留少部在苏北、鲁中和鲁南开展游击战争外，主力于5月15日向豫东、皖北转移。19日，我军放弃了徐州，使日军聚歼我军主力的企图未能得逞。

中日武汉会战开始

1938年6月11日，侵华日军溯长江西上，进攻安庆，拉开了武汉会战的序幕。

武汉踞长江与汉水之间，是平汉、粤汉两铁路的衔接点，又是东西南北水陆交通的枢纽，属我国的心脏腹地，战略地位十分重要。自南京失守后，这里成了全国政治、军事和经济、文化的中心。

日本侵略者认为只要攻占武汉，就可以控制中原，进而支配整个中国，因而企图迅速夺取武汉。1938年6月以后，中日双方在武汉外围展开了一场大战。日军以华中派遣军司令官畑俊六为总指挥，分兵5路（其中江南2路，江北3路）进犯，另派波田支队及海军陆战队协同海军第3舰队沿长江西上。我军为保卫武汉，在江南组成第一兵团（总司令薛岳）、第二兵团（总司令张发奎），归第九战区（8

万家岭战役中，中国军队阵地上的重机枪向敌扫射。

148

武汉会战期间,中国军队击落的日机残骸。

月由武汉卫戍总司令部扩编)司令长官陈诚指挥,依托幕阜山、九宫山、庐山等山脉构筑阵地防守;在江北,组成第三兵团(总司令孙连仲)、第四兵团(总司令李品仙),归第五战区司令长官李宗仁指挥,依托大别山、富金山等山脉构筑阵地防守;并在马当、湖口、武穴和田家镇等江防要塞设防。

1938年6月11日,日军溯长江西上,进攻安庆,拉开了武汉会战的序幕。7月26日,日军攻陷九江,我第二十九军团退守庐山两侧,奋勇抵抗,全歼日军第145联队。10月上旬,薛岳兵团又歼敌4个联队,挫败日军突破南浔路的企图。在长江以南、长江沿线和长江以北地带、皖西及豫东南等各战场,我军官兵,英勇抵抗了日军的进攻,在马当、瑞昌、万家岭、马头镇、田家镇、固始和商城等战斗中,我军与敌浴血奋战,反覆肉搏,前仆后继,英勇事例,不胜枚举。但是,由于单纯防御,逐次使用兵力,在日军优势火力进攻下,死守的防线一再被攻破。至10月中、下旬,日军已逼近武汉。我军于10月25日撤出武汉,江北及鄂北的部队撤往平汉路以西的沙洋和随县一带,江南的部队沿粤汉路撤至岳阳以南。在武汉会战中,日军为切断华南方面的中国国际补给线,以3个师团,在海军和航空兵的配合下进犯广东,于10月21日侵占广州。

武汉会战期间，国共两党为了抵御民族大敌，相互合作，动员全民投入保卫大武汉的战斗；国际友人也云集武汉，给中国人民以道义上和物质上的重要支援。武汉会战历时 4 个半月，战线扩大到皖、豫、赣、鄂 4 省数千里地。日本倾其国力，集结了 14 个师团又 4 个旅团及航空兵团和海军各一部，超过 30 万兵力（不包括在华南使用的第二十一军和第 5 舰队）。我军相对列阵，动员部署 14 个集团军共 100 多个师及海空军一部，约 60 万兵力。这一战役，中日双方投入兵力之多，战线之长，时间之久，规模之大，是抗日战争中任何战役所不能比拟的。会战结束后，日军由于战线延长，兵力与资源不足，加上敌后抗日根据地的日益发展壮大，不得不放弃"速战速决"的企图，侵略者已深陷"泥潭"，抗日战争以后逐渐进入了相持阶段。

人民解放军全线渡江

1949 年 4 月 20 日午夜，随着三颗红色信号弹划破夜空，人民解放军中、东、西三集团从西起湖口，东至江阴长达千里的长江北岸，以木帆船为主要航渡工具，排山倒海地强渡长江。江阴要塞 7000 余官兵在炮台总台长唐秉林、游击炮团团长王德熔、守备总队长李云蔡等率领下战场起义，控制了江阴炮台，封锁了江面，致使国民党海军无法进入这段江域。

4 月 23 日，解放军先后攻占丹阳、常州、无锡等城，切断了宁沪铁路。

人民解放军进入上海后，不扰市民，露宿街头。

国民党海军第二舰队司令员林遵率 25 艘舰艇在南京以东江面起义，另一部 23 艘舰艇在镇江江面向解放军投降。解放军东突击集团第八兵团第三十四军乘胜渡江，以猛烈攻势突入南京、镇江。

中突击集团一部占领芜湖，主力渡过青弋江，并在湾址地区歼国民党军第二十军大

人民解放军突破国民党军长江防线。

解放军渡江部队突击队冲上长江南岸。

占领国民党总统府的中国人民解放军。

部和第九十九军一部。西突击集团乘胜攻占贵池、青阳等地，歼国民党第八兵团一部。中国人民解放军冲上南京总统府大厦，摘下了国民党党旗，换上了红色的解放军军旗，宣告蒋介石国民党22年的统治结束了。

5月12日，解放军发动以消灭汤恩伯主力、解放大上海为目的的"上海战役"。为了解放上海，解放军第三野战军分别从浦东、浦西迫近吴淞口，阻敌退路。解放军在作了充分准备之后，发动上海战役。至22日，解放军已扫清上海外围之敌，逼近市区，并完成对汤部的合围。解放军于23日晚发起总攻，部队迅速跃进，很快占领了市区及高桥、吴淞口。亲临督战的蒋介石见大势已去，遂命汤恩伯逐次掩护，从海上撤出。上船逃走的仅残兵败将5万余人。其余15万人全部被歼。5月27日，苏州河以北最后一股蒋军被消灭。上海战役宣告胜利结束。